我国外语教育政策构建研究

金志茹◎著

吉林大学出版社
·长春·

图书在版编目（CIP）数据

我国外语教育政策构建研究 / 金志茹著. -- 长春：吉林大学出版社, 2022.12
　　ISBN 978-7-5768-1009-7

Ⅰ.①我… Ⅱ.①金… Ⅲ.①外语教学—教育政策—研究—中国 Ⅳ.①H3-42

中国版本图书馆CIP数据核字(2022)第204069号

书　　名：	我国外语教育政策构建研究
	WO GUO WAIYU JIAOYU ZHENGCE GOUJIAN YANJIU
作　　者：	金志茹
策划编辑：	张宏亮
责任编辑：	滕　岩
责任校对：	矫　正
装帧设计：	雅硕图文
出版发行：	吉林大学出版社
社　　址：	长春市人民大街4059号
邮政编码：	130021
发行电话：	0431-89580028/29/21
网　　址：	http://www.jlup.com.cn
电子邮箱：	jldxcbs@sina.com
印　　刷：	长春市中海彩印厂
开　　本：	787mm×1092mm　　1/16
印　　张：	12
字　　数：	250千字
版　　次：	2023年1月　第1版
印　　次：	2023年1月　第1次
书　　号：	ISBN 978-7-5768-1009-7
定　　价：	68.00元

版权所有　翻印必究

目 录

第一章 外语教育政策的理论建构 ································ 1
 第一节 外语教育政策的厘定及相关概念 ···················· 1
 第二节 外语教育政策的框架分析 ······························ 19

第二章 我国外语教育政策的发展历程 ···························· 30
 第一节 我国外语教育政策的价值取向 ······················· 30
 第二节 我国外语教育政策的发展 ······························ 40

第三章 国际视野下的外语教育政策比较研究 ················ 56
 第一节 研究外语教育政策的国际背景 ······················· 56
 第二节 国内外外语教育政策的比较分析
    ——以大学外语教育政策为例 ···················· 67
 第三节 国外外语教育政策对我国的启示 ···················· 109

第四章 外语教育的规划与展望 ······································ 128
 第一节 语言规划与语言教育政策 ······························ 128
 第二节 外语教育政策的困境 ······································ 142
 第三节 外语教育规划的展望 ······································ 153

第五章 新时期我国外语教育政策的规划 ························ 161
 第一节 我国外语教育政策规划的基本原则 ················ 161
 第二节 我国外语教育政策规划的主要内容 ················ 166
 第三节 构建新时期我国外语教育政策的必要性 ········· 174

参考文献 ·· 184

第一章　外语教育政策的理论建构

第一节　外语教育政策的厘定及相关概念

一、教育、教育价值观、教育价值取向

什么是教育？这不仅是一个古老的问题，也是教育理论中最普遍、最根本的问题。在我国古代经典中，"教育"一词在《孟子·尽心章句上》中首次出现，后来，许多思想家和教育家从不同的角度讨论了"教育"的概念，并赋予它不同的含义[2]。东汉许慎在《说文解字》中说："教，上所施，下所效也；育，养子使作善也。"我们必须接受教育，"教育"意味着使人朝着好的方向发展。在我国古代，"育"被视为教育者与受教育者之间的共同活动形式，"教"被视为受教育者因教育而发生的变化。美国实用主义教育家杜威认为，"教育即生活，教育即生长，教育即经验"，这意味着教育能从内到外激发人的内在潜能，使人发展。人的能力分为内在能力和外在能力：一种是身体能力，另一种是心理能力。"发展心智，但阻止身体，不是所谓的完美的人：完美的性格、身体和心智必须和谐发展。"

"教育"是一个历史范畴。随着时代的变化，"教育"一词的含义也将发生变化，并反映不同时代和社会的需求。然而，"教育"一词的表达集中在一个基本点上，即教育被认为是一种人类修养的活动，一种影响、启迪和引导的活动[1]。"教育"可分为广义教育和狭义教育。广义教育是人类诞生以来，在各种生产和生活活动中产生和存在的教育。也就是说，教育是人类社会特有的社会现象，是培养人的社会活动。广义的教育

是指任何旨在提高人们的知识和能力、影响人们的道德思维的活动，无论是有组织的还是无组织的、系统的还是零星的。狭意教育，即严格意义上的教育（学校教育）是人类社会发展到一定历史阶段的产物：它意味着教育者自觉接受所学，传授知识和技能，培养思想道德、智力和体力，根据青年一代的具体社会需要和身心发展规律，有计划、有组织地发展。这项活动训练教育者成为特定的社会工作者。

从"种差"和"属"的逻辑定义来看，教育的"属"是一种活动，即与社会生产、社会政治、文学艺术处于同一层面的社会实践。教育与上述活动的区别在于，教育是培养人的社会实践。也就是说，教育最根本的属性是人的培养[1]。没有这个功能，就不是教育。对教育的认识和理解本身就包含了教育价值观的元素，因为不同的人有不同的哲学观和社会观，他们在对教育的认识和理解中融入了个人价值观的元素。就我国外语教育而言，有一种注重眼前社会利益而非个人发展的倾向，这表明我国外语教育有失去其本来意义的危险。教育发展的客观现实要求外语教育工作者重新审视教育价值观[2]。

"价值的概念起源于人的需要与满足需要的外物之间的关系"，价值是真实的人与满足特定需求的事物属性之间的关系。价值与人的需要有关，但不是由人的需要决定的。价值观有其客观依据。这种客观基础是各种物质和精神现象的内在属性，价值不仅是这种属性的反映，而且是这种属性对个人、阶级和社会的积极意义，即满足人们对某些属性的需求，成为人们利益和目的的标[2]。价值是指客体能够满足主体的需要的关系。价值取决于客体，但不只是指客体，它是客体的利益主体和主体利益创造之间的关系。

由于哲学价值观的差异，对教育价值的理解体现在对教育价值观的确定上。具体来说，有三种不同的观点：需要理论、属性理论和使用理论。需要理论认为，教育的价值在于满足人的需要，即通过教育培养特定的人来满足人的需要。教育价值在于教育对人的重要性。属性理论强调教育能够满足个人和社会需求的属性。教育价值是指教育能够满足人体和社会需求的属性。使用理论是指教育的价值是教育对象对教育主体（个体主体和社会主体）的兴趣。上述定义在一定程度上揭示了教育价值范畴的基本内涵，其核心是把握主体需求与客体属性之间的关系。目前，教育价值被社会系统普遍接受为一个对象，在一定程度上满足社会和个人的发展需求。它是指对象的教育制度，社会主体是指特定社会历史阶段的社会群体和社会制度的政治、经济和文化。个人包括教育者和特定教育情境中的教育者。在一个社会或特定阶段，群体需要不同的教育，教育行为模式也不同。例如，我国古代的教育强调政治和伦理价值；中世纪欧洲的教育强调宗教价值观，把科学、技术和教育的价值置于促进资产阶级经济发展的重要地位。然而，在一定的社会历史阶段，由于职业地位不同，表现出不同的教育需求。每个人都有选择教育的权利。教育者可以选择自己的教育方式对受教育者产生积极影响，从而在实现社会价值中体现个人价值。受过教育的人可以从多种途径中选择一种最适合自己特点的方式成才，并不断调整自己的教育需求以适应自己的现实条件。从某种意义上说，教育的中心任务就是将符合历史进步要求的社会价值内化为个体自身的价值，将个体自身发展的要求和成果转化为社会价值[2]。

在满足主体需求的过程中，由于主体的差异和需求的多样性，教育表现出不同的价值观，可分为内在价值观或本体价值观、外在价值观或工具价值观。内在价值观是主体在参与某一特定活动时对直接目的的追求，反映了该活动除其他活动外的特征。相对内在价值而言，资产在其他方面实现特定目标的价值是外部价值。教育是促进人类发展的活动。促进教育者发展的价值是教育的内在价值，因为它促进了教育者的发展和社会的进步。教育的真正价值体现在教育领域，这是一项直接的后续活动，而教育的外部价值则体现在其他部门，直接滞后于教育活动。内在价值是外在价值形成的基础。只有当某些资产具有内部价值时，它们才能产生特定的外部价值。外在价值是内在价值的延伸和验证。资产的内部价值总是反映在其外部价值中。教育促进人的发展的内在价值与教育促进社会发展的外在价值密切相关。教育的内在价值是基础，教育的外在价值是教育内在价值的社会表现或外在化。教育促进社会进步最重要的途径是促进人的发展。

教育的外在价值是通过教育内在价值的外在化来实现的。根据教育对社会进步的促进程度，即教育的外在价值是衡量其内在价值的重要尺度。教育价值体现了教育内外价值的统一，即满足人的发展和社会发展的需要[2]。

教育价值观与教学价值观密切相关，二者影响着一个国家的基本教育决策过程和人们的教育行为，但它们的概念完全不同。教育价值观是人们在一定历史条件下对教育价值的理解和评价，并在此基础上确立行为取向和参照；它是主体概念中教育对象属性与主体问题关系的拟人化。教育价值观是"教育价值与价值关系的基本愿景，即对教育与个体主体和社会主体之间具体关系的基本理解，包括对教育满足个体需求程度的理解"。个体主体和社会主体也指对主体存在和发展的意义和功能属性的理解，以及对主体与客体关系的特征和功能的理解。教学价值观是人们感知和理解教育的重要内容，是指导、掌握和评价教育行为和效果的基本理念。在个体社会组织不断发展的过程中，学科的教育价值必须不断更新和变化。为了人类的发展，教育不仅满足了个体接受社会观念、伦理规范和科学文化知识的需要，而且允许个体不断创造新的需求[1]。每一门宝贵的学科都是在不断满足这些新需求的过程中发展起来的。教育价值观也随着学科的发展而变化和更新。教育价值观转变的根本原因在于，人类社会是一个不断发展的过程，个人本身也是一个不断发展和完善的过程。教育价值观随着社会和个人的发展而变化。

教育价值是稳定的，因为它是人们根据自己的需要和兴趣形成的教育价值模式。它是学生在一定的社会历史条件下，通过长期实践积累起来的。因此，不同的时代、不同的社会制度和不同的文化环境导致了不同的教育价值观，即教育价值观的社会历史。

当前，教育界对教育价值取向有两种认识。一种观点认为，教育价值取向是指主体根据自身生存和发展的教育学要求，对教育对象确立教育价值和期望，并将教育作为社会对象的意图或倾向；另一种观点认为，教育价值取向是指教育物质和教育作为一种物质在其实际活动中，特别是在其活动和结果中所遵循、引导、建构和表达的价值比例[4]。前者是主体需要教育价值，教育在思想上满足主体的教育需求，处于"自然"状态；后者是指教育在实践活动中满足主体的教育需求，具有教育价值。这是一种"应该"的状态。

教育价值观与教育价值取向密切相关。教育价值观是教育价值取向的关键驱动力，起着决定性的作用。教育价值取向是人在一定时期内形成的，它是在一定的教育价值观指导下做出的价值判断和教育选择的体现。在一定的社会条件下，在特定的教育价值体系的指导下，人们会对教育价值采取一定的取向[1]。在一些教育实践促进了社会和个人的发展之后，社会主体和个人主体产生了新的教育需求，形成新的教育价值观，并不断丰富和发展。它们紧密相连、密不可分、相互影响、相互制约、相互促进。

二、外语教育、外语教学、高等教育外语教育

大学外语是非外语专业的公共基础课。1949年以前，公共外语主要是英语。由于外语课程是按年级划分的，所以第一年和第二年的英语课程分别被称为"大一英语"和"大二英语"。德语、法语、日语、俄语等其他外语只在个别学校开设，所以说到大学外语，通常指的是大学英语。20世纪50年代初，高校公共外语课程统称为"高校俄语课程"。1956年后，"大学俄语课程"更名为"外语课程"，但俄语仍是当时的主要课程。20世纪60年代以后，公共外语课程的语言逐渐向英语转变。到了20世纪80年代，英语几乎是高校的主要公共外语，所以这门课程仍然被称为"公共英语"[4]。因为1980年和1985年国家教委相继颁布了《公共英语教学大纲》和《大学英语教学大纲》（高等学校理工科本科用），所以课程名称发生了变化，大学英语首次正式取代公共英语。目前，大多数高校选择英语作为第一外语并提供大学德语、大学俄语、大学日语、大学法语等课程，但必修选修课主要在完成必修英语课程后提供。

要区分"外语教育"和"外语教学"，首先要区分"教育"和"教学"的概念。薛稷引用"教与学是互利的"来解释"教导致学的困难"和"学导致落后的进步"。他曾说，"要建立一个国家和一个民族，教育是第

一位的"。"教学"是"教"与"学"的统一。所谓"教学"就是教师和学生的统一学习活动。在这项活动中,学生掌握一定的知识和技能,发展身心,形成一定的思想品德。从理论上讲,"教学"被理解为促进学生发展的过程。[3] "教学"主要丰富学生的理论知识、实践技能和能力。外语教学的目的是传授外语知识和技能以提高语言技能,而外语教育的目的是通过传授外语知识和技能来促进学生的发展。在实践中,外语教育与外语教学紧密相连、密不可分。[4] 因此,本书讨论的外语教育不仅包括高校的外语教学,还包括高校外语教学以促进学生发展的过程。高校外语教育旨在促进学生外语技能的发展和人的发展,以满足社会对外语技能的需求。

三、公共政策、教育政策与高等教育外语教育政策

公共政策是国家公共机构的政府部门为解决特定公共问题而制定的行动计划或方案[4]。它是一个由一系列活动组成的过程,这些活动具有明确的目的、目标或发现,并对社会具有重要的价值分配。西方学者普遍认为教育政策是公共政策的组成部分。美国学者保罗·E.彼得森（Paul E. Peterson）曾将这一愿景推向极端。他认为教育政策并不比其他政策更自由。没有令人信服的理由说明教育政策具有如此显著的特点和差异,以至于研究内容需要特殊的分析、特殊的概念或特殊的方法。在《教育政策学导论》中,弗朗西斯·C.福勒（Francis C. Fowler,简称福勒）定义了"公共政策"一词。"公共政策是一个动态的、高度参与的过程,在这个过程中,具体的政策体系解决公共问题,包括公共意图和公开表达的官方行动,以及一致的外部和隐性政府行为模式。"他引用了外国科学家对"公共政策"的其他七种定义,但在这本关于"教育政策"的书中没有"教育政策"的定义。福勒的观点反映了西方政府和学者将教育政策归类为公共政策,而不是将其分离。事实上,这也与国家管理体制和政治决策的形式有关。决策和教育政策本质上类似于其他公共政策,这些政策最终以法律的形式确立,当然可以在公共政策中研究。然而,教育政策有其特殊性:

它是公共政策的一个组成部分。

作为公共政策的一部分，教育政策是政府参与教育的总体政策。我国更注重党和政府的定位，而不是政治问题和目标。作为高等教育政策的一部分，高等教育外语教育政策是党和政府在一定历史时期为实施外语高等教育而制定的外语高等教育和外语高等教育行为准则。相对而言，公共政策可以被视为政治目标，教育政策是基本政策，高等教育外语教育政策是具体政策。

与西方教育政策的法律形式不同，我国的高等教育外语教育政策有其自身的特点。我国的高等教育外语教育政策一般有两种基本形式：文本形式和口头形式。文本形式通常被称为指导性文件，口头形式可以被定义为政治意图。二者都是实施外语教育政策的具体原则和行动计划。文本形式还可以分为基本政策和具体政策。基本指令的文本形式通常被称为"分解""解决方案""决策"等。这些教育政策主要涵盖外语教学的各个方面，不仅被广泛用作指导，还有很强的政治作用和领导力。具体政策的书面表述更加多样和灵活，内容更加具体和实用，如法规、措施、沟通、意见等。在我国的现实生活中，在正式场合，政府的政治意图是通过官员来表达的。从表面上看，这些政府意图的口头声明是个人意见，但在大多数情况下，它们是经过深思熟虑的内部讨论的结果。

四、与教育政策相关的概念

把握教育政策的内涵是教育政策研究的基本出发点，因此教育政策的内涵一直是我国学者讨论的热点问题之一，也是本部分首先要讨论的问题。

（一）教育政策的本质特征

国内外对教育政策没有统一的定义。孙绵涛教授认为，西方学者对"政策"的定义主要是指"设定目标的行为、这一行为的过程和方法，以及这一过程中的许多相关措施"；[1]而我国学者对教育政策的理解"通常

---

[1] 孙绵涛. 中国教育政策前瞻性研究[M]. 北京: 科学出版社, 2018.

决定国家完成教育任务和实现教育目标的确切要求",这两种理解:一种是广泛的,另一种是明确的。从动态的角度来看,教育政策是一个制定和实施的全过程;从静态的角度来看,教育政策即被视为行为准则或条例。他认为这两个定义是合理的,但不能完全概括其基本内涵。在分析了教育政策的主体、对象、表现形式和功能之后,他提出了自己的教育政策愿景:在特定历史时期,政党、政府和其他政治单位之间的协调;教育的内部和外部关系非常重要。从这个概念可以看出,孙绵涛教授的教育政策观,更是一个标准或依据,可谓东西方思想的综合。

刘复兴认为,从"点"与"圆"及"动态"与"静态"的角度,可以区分国内外对公共政策或政治的不同定义。如果该指令被视为行为准则、计划、文件、法规、战略、计划或措施,即公民要执行或遵循的"文本",则该指令必须被理解为一个静态的"点";政策被视为一个有意分配价值、解决问题或实现既定目标的复杂过程,是一个"动态"线性过程,即从目标到结果的直线。这不是一个简单的文本和实现过程,而是文本和许多实际因素相互作用的过程,是一个非线性有机进化的过程。[①]当地科学家主要从静态的角度定义教育政策,强调教育政策作为行动基础和标准的重要性。事实上,这种理解长期以来一直是我国教育政策的一种思维方式,它反映在对教育政策的静态理解中,强调教育政策作为行为准则的义务。

然而,这种政策思维模式并没有完全理解和反映教育政策的本质。教育政策的意义不能用教育政策的形式或本质来明确表达。虽然教育政策主要是作为一个有约束力的"文本"来遵循,但它反映了计划经济和社会背景下决策者和利益相关者之间的关系模式,即决策者、决策者和教育组织之间的关系。决策者与教育者是以行政关系为特征的秩序和服从关系。教育者是主动的,利益相关者是被动的。利益相关者不承担表达其需求和影响政策的任务。在社会主义市场经济体制初步建立的社会背景下,基于这种模式的教育政策无法解决和解释决策者和利益相关者之间的关系。将教

---

① 刘复兴.教育政策的价值分析[M].北京:科学出版社,2003.

育政策理解为"文本",意味着将教育政策理解为静态的"点"。它没有反映许多实际问题与政治进程要素之间的相互作用,忽视了教育过程的本质。此外,这种理解强调了教育政策和一般公共政策之间的联系,并认为教育政策是一般公共政策的一种特殊形式。教育政策的定义可能源于公共政策的定义,因此无法明确表达教育政策的特殊性。

此外,大多数国家通过承认国家或政党是教育政策的发起人来定义教育政策,但它们没有明确解释家庭、教育工作者甚至学校等教育政策行为者的地位和作用。因此,我们必须从现象的形式、本体的形式、过程的特点和特殊性等方面充分理解教育政策的内涵。从现象和形式上看,教育政策是由教育领域的政治措施及其总和构成的政治文本;教育政策是一个动态的、持续的、积极的选择过程;教育政策在活动和利益分配过程中不同于一般公共政策。

正如教育政策本身的概念是模糊的一样,关于教育政策的特点和范围也有不同的声音。孙绵涛认为,教育政策具有四个特征:阶级性、实践性、科学性和严肃性;程认为,教育政策具有目的性、规范性、价值导向性、间接性、相对稳定性、灵活性和系统性。刘云安、张斌贤从政治性、目的性和可行性、原则性和灵活性、稳定性和可变性、权威性和实用性五个方面进行了总结。[①]

教育政策是根据特定需要制定的,反映人的主体意识,是主观能动性的产物,具有明确的目的。换言之,如果我们关注待解决的问题和教育政策的目标,就必须提出解决问题的方案和措施,以避免普遍性和语义模糊;同时,考虑教育政策的可行性,了解教育政策的目的和相关因素、性质,以及实现目的所需的相关条件、手段和机会。教育政策的政治性质是明确的。许多政治和文化因素对政党政治、政治和文化政策的制定和执行有重大影响,教育政策是这些政策因素广泛影响的结果。教育政策的制定和实施本身不仅是一种重要的政治行为,也是各种政治行为在全球影响的产物,它基本上反映了统治阶级的教育努力和需要。

---

① 张斌贤.张斌贤教育史研究文集[M].北京:中华书局,2014.

我国是社会主义国家。共产党是我国各族人民利益的忠实代表，是社会主义现代化建设的核心力量。[13]这说明，要深入贯彻和落实党对教育事业的全面领导。教育政策一般在以下几个方面发挥着独特的作用：①传播一些政治观点、理论、路线和政策；②明确教育的性质和目的，确保教育向年轻一代传达统治阶级的思想和价值观，鼓励他们积极参与社会和政治活动，使他们能够接受和支持现有的政治和经济制度；③必须为现有经济制度的推进我国特色社会主义政治制度自我完善发展和各类人才的输送制定计划。教育政策的政治性还体现在教育政策是教育权益的具体体现。根据政治学中的集团理论，无论政策如何变化，都不会偏离利益这个关键和核心。美国政治学家厄尔·莱瑟姆（Earl Latham）认为，公共政策实际上是在任何特定时间由群体斗争形成的一种均衡。它代表了一种平衡，在这种平衡中，各种派别和集团不断为自己的最大利益而斗争……立法机构在团体之间进行仲裁，认可成功的团体，记录失败团体的让步。著名学者洛维也有类似的观点。例如，美国的共和党和民主党，无论他们如何称呼自己，最重要的区别在于他们所代表的利益集团。①

教育政策的稳定性和可变性体现在教育政策一旦制定和公布，在一定时期内就不能随意改变，而应保持一定的稳定性。如果教育政策不断频繁地变化，使人们无法遵循，教育政策就会失去规范和标准的作用，进而影响人们对教育政策的信任和执行的坚定性。教育政策的稳定性是相对的。世界上没有绝对的教育政策。随着外部环境和教育自身的变化，任何教育政策都要进行相应的调整和改革。教育政策的这种可变性主要是由教育本身的发展决定的。辩证唯物主义认为，事物总是变化发展的，其内部矛盾也是不断变化的。人们在实践中的认识是不断向事物本身的第一本质、第二本质乃至更深层次的本质靠近的。基于矛盾分析的教育政策是一种人类意识活动，它必然会不断变化，正是在这种不断的变化、修正和调整中，教育政策走向成熟和完善。

---

① 赵可金.美国学界对美国政治的研究[J].北京：美国研究，2010(01).

我国的教育政策通常由党的机关、全国人民代表大会或者政府部门单独或联合发表。党和国家的合宪性决定了教育政策的合法性和权威性。教育政策的权威性在于其实践性：与教育理论不同，教育政策不是概念、范畴和体系的结合，而是理论与实践之间的中介。教育政策的内容不是抽象的概念，而是具体的行为规则和规范。它不仅教人们应该做什么，还教人们应该批评什么、说明什么。教育政策也有系统性和多功能性。各教育政策在与其他政策的相互作用中发挥作用。这不仅是一般政治制度的有机构成部分，也是相对独立的制度。从横向来看，教育系统包括两个方面：首先，它与其他公共政策紧密相连，相互支持、制约，构成了整个社会发展政策；其次，从教育政策的观点来看，教育政策也是构造好的系统，教育体制政策、教育经费政策、教师政策和教育质量政策构成了国家基础教育政策。从纵向上看，教育政策体系还包括两方面关系：一方面，中央教育政策与地方教育政策的关系；另一方面，现代历史链中教育政策的过去、现在和未来的关系。

作为社会实践的一部分，教育政策活动具有特定的活动领域和范围。教育政策是政府教育决策和政府教育政策的结果，教育政策是在特定社会教育领域实施的公共政策。它适应教育领域的社会关系，解决教育领域的社会问题，从某种意义上说，教育政策是一个国家教育与政治关系的集中体现。显然，教育活动不属于以私人物品交换为特征的市场竞争体系，而是属于科尔曼所描述的"社会制度和政治制度"。

（二）教育政策的价值理念

教育政策的价值是教育政策的核心内容之一。价值概念作为一般哲学，是指主体的需要和客体的属性在实践的基础上统一起来的一种特定的效果关系。"价值"的本质是认识和实践中对客体的人化的有目的的或积极的意义，体现了人类崇高的理想和永恒的追求[14]。孙绵涛教授认为，教育政策的价值是"价值"的一个从属概念，是指"教育政策的客体属性和教育政策的主体之间的一种特定的效果关系，需要在实践中统一起来"。教育政策的价值分为主观价值和客观价值。教育政策的主观价值取决于教育政策满足主体需要的客观功能，主观价值取决于主体利益在教育政策中的表达和整合程度。从教育价值的概念来看，教育政策的价值可以分为主观价值和客观价值[15]。教育政策满足主体需求的任务是教育政策的客观价值。教育政策的主体价值，实际上是教育政策主体从自身角度所表现出来的价值意识，即主体意识形态所表达的价值。教育政策的客观价值只有通过主观表现才能成为教育管理活动的真正动力，这是主观价值与客观价值对立的反映过程。主观价值不仅反映客观价值，而且对客观价值进行选择和分类。其中，有些功能被放弃执行，有些功能被选择执行，如果主客观价值观直接结合起来，就不会有不合理的价值观、教育政策的失误，以及影响人们生存和发展的诸多挫折和教训。

教育政策为教育发展的全球规划和方向确立指导方针，协调教育的内部关系，确定国家教育活动的方向和教育发展的目标，协调教育的外部关系，具有教育政策的内外价值。协调教育政策与教育的内在关系，就是要解决教育活动的内在矛盾，即使教育作为一个整体发展，也要解决合法生存和教育发展的目的与现状之间的矛盾。在教育政策价值的意义上，这种价值通常被称为教育政策的内在价值或客观价值。其中，形成的生存与发展是这一内在价值的内在价值，而受教育者的整体、自由、和谐发展是这一内在价值的终极价值。协调教育政策和对外关系的重点是解决教育与社会之间的政治、经济和文化矛盾。这种协调不是教育政策本身的目标，而是外部社会目标。因此，教育政策对应于教育的外部社会目的所反映的价值部分，即教育政策的外部价值。它具有国家功利主义的价值取向，因此又被称为教育政策的工具价值。

"教育政策"的两种含义，即内在价值和外在价值，不是教育政策的两种价值，而是对"教育价值"的诠释。也就是说，教育政策的主观价值和客观价值不仅有内在价值和外在价值，还有目的价值和工具价值。它们并不矛盾，而是在不同的层面上。从本质上讲，教育政策的内在价值高于外在价值；同时，教育政策的性质决定了教育政策的指导、协调和管理功能。从哲学上讲，教育政策的价值是教育政策活动的客观属性（如教育要素、结构、内部运行机制、功能等）之间的关系及教育学科的要求。教育政策正确价值的性质决定了教育政策价值的基本内容。教育政策在不同层面有不同的基本价值观。教育政策的价值属性是一组以现象为形式的价值决策；在本体论的形式上，教育政策的价值属性是价值决策的"合法性"[25]。

（三）教育政策的价值选择

教育政策的价值选择是教育政策制定者基于自身价值判断的集体或国家决策过程。它表达了决策者对教育系统的隐性价值和期望，反映了决策者的价值[22]。教育政策的价值选择不仅包括理念的选择，还包括实践活动的选择。理念的选择是政治价值目标的确定，实践活动的选择是政治过程中创造价值的活动，即价值目标的实现和获得。因此，教育政策的价值选择是一个过程，包括目标、手段和结果的选择，如教育问题的识别、政策目标的制定、政治纲领和手段的选择及政策的制定。教育政策价值观是对教育政策制定者与社会价值观关系的基本认识，是教育政策价值选择的主要内容。

（四）教育政策的合法性和有效性

教育政策的基本目标是在社会中分配教育利益。一旦做出了教育政策价值的选择，或者在分配教育成果的具体工作过程中，所有利益相关者都更关心他们的需求和利益是否得到充分表达和满足。同时，对价值观选择和教育成果分配的具体功能也要有积极或消极的认识和评价。这些观点和评估反映在社会领域则体现为政治价值观的选择是否合法，即关注教育政策价值选择的合法性。

合法性是一个有多重困惑的概念。总的来说，"合法性"指的是某事物有被承认和被接受的基础。至于具体的基础（如法律、规则、习俗、规范或逻辑），换句话说，"合法性"是社会秩序和权威被自觉承认和遵守的质量和状态。哈贝马斯认为，"只有政治秩序才能拥有或失去这种合法性，只有它必须合法化"。合法性意味着，如果一个政治秩序有充分的理由被视为合法权利和存在，它必须承认该法律秩序。合法性是政治秩序的公认价值，可以看出，哈贝马斯的合法性主要是由君主对统治权力的承认和服从来解释的。根据这一概念，教育政策的合法性意味着教育政策的价值选择基于某些普遍的法律和规范，如法律、社会价值观、意识形态、传统模式甚至社会规范。其中，风俗习惯必须得到社会的承认、接受和尊重。现实是教育政策价值选择的目的，即价值选择符合人们的需求、价值和理想。人们的社会实践活动，包括教育活动，总是从自己的目标出发，努力满足自己的需要。只有包含主体实际目的并满足主体需求的活动才是合法和有益的，即"良好"或"合理"的。决策机构、执行机构和利益相关者（公众）是政治实践的法律实体。教育政策的决策者和执行者代表国家或政府为教育政策赋予理想和政治价值，并努力推动其合法化。因此，承认和服从教育政策的价值选择是必然的。然而，教育政策的参与者认识到，选择教育政策的价值具有明显的"可能性"。只有满足利益相关者需求和利益的政治决策才能被有意识地认可和遵守。此外，理论上，对利益相关者的承认和认可应该是自愿的，而不是强制性的。教育行为者必须有权利和手段自由表达自己的愿望、需求或意图。然而，在社会实践中，依靠专制制度和手段"承认"和"尊重"某些规则或规范以获得合法性并不是真正的合法性。

各级教育应顺利调整教育政策和分配教育利益。政治的成败和扭曲取决于政治过程能否有效地实现政治目标向政治结果的转化，即政治行为过程中价值决策的有效性。因此，教育政策过程的"有效性"是教育政策过程层面的基本价值属性。"有效性"的概念在政治学的相关文献中被广泛使用，以表达政治活动高效率和良好影响力的重要性。教育政策的有效性是利益、效率和影响力的统一。教育活动以最低的成本获得最大的价值，教育政策的功能和效益最大化是统一的。

（五）教育政策的价值取向

教育政策的价值取向不仅具有明显的社会性特征，而且具有主体性、适度性、先存性和公共性的特征。教育政策价值取向的一些特征表明，教育政策的作用是巨大的、多样的。[24]它的主要作用是决定和控制主体价值的选择。因此，如果教育政策的价值取向是重大的，它将对主体本身及主体与其他主体之间的关系产生重大影响。确立重大的价值取向，引导和推动这一主题具有长远的战略意义。解构和消除非理性价值取向是一种永恒的选择。理性教育政策的价值取向主要有两个原则：一是坚持以国家发展和教育发展为单位；二是坚持目的性和规律性的统一。

教育政策应该把国家发展和教育发展结合起来。这两种价值的关系本质上是效率与平等的关系。作为国家的缔造者和管理者，只有通过教育政策将国家权力渗透到教育中，才能调动多种资源发展教育，解决教育发展问题，有效整合各级教育差异。因此，国家教育发展政策的价值取向是一种典型的工具取向。纳格尔认为，在这项功利主义研究中，政客选择了"地方资助的教育，因为它改善了经济"。然而，教育政策不仅是国家发展的工具，也是教育发展的重要价值取向。追求教育民主化和教育平等就是这一取向的典型体现。教育是公民的权利。国家有义务通过教育培养全体公民。因此，人们比以往任何时候都更加关注教育的生存和发展。国家发展和教育发展是相辅相成和"塑造"的双边关系、目标和互动模式，这种关系是国家与教育相互存在的最深刻体现。我们不仅要培养有一定能力的人，还要引导人们对维护社会秩序形成一定的态度。教育反过来会增加受过教育的人对政府的期望，这将导致政治压力。特别是通过教育产生的一些现代思想，如一些人对平等的强烈追求，也可能对社会稳定构成威胁。教育作为促进社会稳定和促进社会解体的两种对立功能，客观上要求教育政策在国家发展和教育发展价值取向上保持统一。[20]

实践性与规律性的统一在于坚持内外标准的统一。这一目标的前提是教育政策的价值取向应是国家发展与教育发展的统一，而规律性是实现这一目标的必要前提。从宏观上看，教育政策价值取向的基本特征和取向必须符合社会发展规律，特别是历史进步趋势。从微观上看，教育政策的价值取向始终是目标取向、设计的现实取向和工作方法取向，遵循教育发展的客观规律，尤其是理性教育政策的价值取向，客观上要求遵循统一与分歧的原则。尽管对立价值的取向是一致的，但这并不意味着对立关系确实是一种平衡的关系。由于社会条件的不同，不同历史时期的社会发展总是有不同的选择，没有绝对的必然性。应当从教育发展的层面上，兼顾教育发展的内在需要和个人发展的主要精神，使国家和教育共同发展，积极支持个人的全面和谐发展，为全球社会进步提供力量。

1.教育政策价值的体现

教育政策的主体体现了政治价值与实践价值的统一。莫里斯·科根将教育政策的价值分为四类：政治价值、社会价值、教育价值和人文价值。[17]
①政治价值。国家权力的行使、教育在社会政策、经济和文化中的积极作用，以及巩固国家赖以生存和发展的经济和社会基础，都是政治进程的具体表现。②社会价值。教育政策是维护世界各国人民共同教育权益的保障。其社会价值在于教育政策能够兼顾公平与效率，协调内外部教育关系，保障社会稳定、发展与进步。③教育价值。教育是一项庞大的系统工程。系统要素、教育系统和社会系统之间存在复杂的物质、信息和能量交换，有时它们之间的冲突极其激烈。教育政策可以通过权力的干预解决这些矛盾，有效整合各级教育差异，保证教育均衡有序发展。④人文价值。从社会对教育的需求来看，追求人的发展和公平的教育政策可以提高受教育者的生命价值，使受教育者全面、自由、和谐地发展，形成理想人格。

教育政策的价值可以通过教育政策的实践来感知，体现在教育政策价值的表达和合理定位上。教育价值观的理性取向主要有两条规定：尊重国家发展与教育发展的统一（体现效率与平等的关系）；坚持目标和规律的统一。当前，我国的教育价值观应该以教育价值观为中心，强调教育政策追求基于教育和人文价值观的政治和社会价值观。

2. 教育政策价值的层次性

价值层次是价值存在的基本方式，构成了价值场的先验本质秩序。"一切价值本质上都是有等级的"，衡量价值高低有五个基本标准。①持久性。高品位的价值往往比低品位的价值更持久，但价值的持久并不意味着价值或其载体的持续时间，而是价值的本质或精神存在。②个性与隐形。价值越高，它就越不可分，越不可见，也就越没有可辨别的经验特征。③相对稳定性。价值越高，它的稳定性就越高。④满意度的深度。价值体验越深，价值越高。⑤对主体的依赖性。较高的价值不一定依赖于较低的价值，但较低的价值一定依赖于较高的价值，即价值水平越低，依赖越大。根据舍勒的观点，价值的等级顺序可以根据这五个标准来建立。①教育政策的价值具有客

---

① 滑金芯. 舍勒价值秩序理论的合理性研究[D]. 福建：华侨大学，2020.

观的层级结构，从政治价值、社会价值、教育价值、人文价值体现出由低到高的层次性。它是教育政策价值的物质载体或物质基础，是评价教育政策价值的外部尺度或"物种尺度"。归根结底，教育政策本身是主体意志客观化的产物，其价值受主体需求的调节，受主体认知能力和实践能力的限制。随着学科构成的变化、学科价值观的整合、学科认识和实践水平的提高，它将呈现出新的特点。基础教育政策的需要是推动主体追求教育政策价值的现实力量。对教育政策价值的评价是内部尺度或"人的尺度"。教育政策的实践是教育政策价值的源泉。它包括政策识别、政策制定、政策管理和政策评估的过程。只有通过现实主义教育政策的实践活动，主体的需要和客体的属性才能成为一种价值关系，价值作为实践活动的内在内容，才能通过双向的对象化而生成。从概念构成的角度来看，主体的需要、客体的属性和实践活动是教育政策价值观的基本范畴，它们决定了教育政策价值观的基本分类，成为研究教育政策价值观的基础理论。[17]

五、外语教育政策研究的理论基础

在当今世界多极化和经济全球化加速发展的时代，国际交流日益频繁。国与国的语言交流是各领域交流的前提和必要工具。因此，世界各国越来越重视外语教育，并会根据自身发展需要制定相应的外语教育政策，以保障和促进本国的外语教育。但是，由于各国的历史文化传统和实际国情不同，外语发展的思路和出发点也不同，当然实施的效果也是不一样的。这里笔者在全面回顾国内外外语教育政策研究的主要理论的基础上，探讨我国外语教育政策制定的理念取向。

教育政策是对教育发展重点的方向、目标和指导方针的解释，发展所依据的基本原则是为实现这些目标而选择的方法。它包括教育政策制定、教育政策实施、教育政策分析和教育政策评估四个阶段。[26]教育政策制定阶段是最关键的阶段。政策制定好了，它所依赖的教育问题就解决了。如果政策制定得不好，不仅教育问题得不到解决，还会产生新的问题，浪费人力财力。语言教育政策是教育政策的一部分，在社会发展的不同阶段，需要调整不同的语言政策和语言规划。但语言不仅是一种交流手段，也是文化的载体和身份的象征。这三种语言功能需要不同的策略来保证。[26]因此，语言教育政策制定者必须平衡语言教育政策不同因素之间的关系。在不同的历史时期，语言教育政策的重点会有所不同。

语言规划多由政府机构进行，涉及社会多个领域，是一种形而上的规划。而教育中的语言规划要小得多，可以看作是一种微观规划。因此，教育中的语言规划可以看作是一种特殊的语言规划。从微观和宏观角度看，教育领域的语言规划不仅要考虑和遵循语言规划的一般流程，如前期规划、调查、报告、政策制定、实施和评估，还要考虑与语言规划的关系。在这一过程和宏观教育政策中，有必要对语言教育政策进行政策分析，对语言教育政策的内容和过程进行评估，分析语言教育政策的决策者、内容和有效性是否反映了决策者和政策对象的价值观。语言教育政策评估既要考虑内部评估，也要考虑外部评估，确保政策制定的事前评估、政策实施评估和事后评估。普通教育政策的制定、修改和废止必须遵循严格的法定程序，必须经过科学的分析和周密的论证。我国的教育政策可以是权威性的、政策性的、规范性的、导向性的。教育政策本身是多样性的，以至于很难保证人们能完全理解并执行它。因此，除教育政策外，还需要编制有利于人民理解和执行的指导性文件，以及指导性文件的具体操作和执行。因此，在制定语言教育政策大纲时，还应考虑可操作性、具体性和可实施性的语言教育政策和方针。此类指导性文件应类似于其他国家法律的实施细则，不仅要全面、正确、详细地阐述语言教育政策，而且要提出正确实施语言教育政策的总原则，确定在各级各类教育中的实施办法及具体的技巧、方法和途径。只有出台了这个指导性文件，才能保证语言教育政策不被操纵和曲解，有利于教育政策的具体操作和效果。

我国的外语教育政策深受国内政策、经济发展和国际环境变化的影响，表现出强烈的为政治、经济服务的特点。外语教学的主要决策者是政府或立法部门及决策者。然而，政府部门和机构只是名义上的主体，真正的主体是在教育决策中发挥决定性作用或影响的相关个人和利益相关者。历史上，我国的外语教育政策一直由自上而下的专家主导。然而，作为一项公共教育政策，外语教育政策的制定需要广泛的相关社会利益团体的代表参与。应当充分咨询学校、教师、学生、家长、各级政府代表、经济行为体、企业和社会各界，通过政策评估和审查，提出外语教学的政策建议，以促进其传播和实施的社会基础的扩大，使其涵盖不同语言课程、社会问题和目标群体之间的关系。例如，外语教学和母语之间的关系，教育、外语教学与少数民族语言教学的关系，学校语言教学与课外语言教学、外语教学的关系，等等。

国际社会正变得越来越复杂和多样化：以信息和知识为基础的经济将成为未来经济发展的重要因素。教育在社会中扮演着越来越重要的角色。建立民主、科学、透明的决策机制需要战略思考，它可以进一步拓展国内外外语理论教学和政治研究的视野。不仅要关注外语教育政策的内容，还要关注外语教育政策和语言教育政策的制定和实施过程。笔者通过外语教育政策的相关内容、过程和设计，分析了外语教育政策的产生、内容、工作方法和发展。评估外语教育政策，以评估外语教育政策的目标是否符合需要解决的问题，以及能否在不同利益群体之间实现平衡；子目标是否可以协调和组织，外语教育政策的目标与政策的实际执行之间是否存在差异。与此同时，我国必须借鉴国际社会制定外语教育政策的经验，制定一项全球性的、平衡和科学的战略和规划。

第二节　外语教育政策的框架分析

一、外语教育政策的分析框架

政策分析不仅是对政策的分析和理解，也是政策形成、解释和实施过程的一部分。政策审查框架不仅是有效和准确执行和制定政策的保障，也是政策评估、监测和审查的工具。美国教育政策研究者布莱恩和刘易斯认为，教育政策研究应该从三个维度进行：过程、内容和价值。这三个维度可以全面、准确地分析具体的教育政策和计划。澳大利亚学者海恩斯关于教育政策研究的二分法，也是我国学者普遍认可的教育政策内容和过程研究与教育政策价值研究相结合的方法。教育政策不仅是一个动态的发展过程，也是一个政党或政府为实现教育目标而制定的一种模式，往往以文本形式出现。因此，在研究教育政策时，不仅要分析文本的措辞，还要关注政策制定、实施、终止和评估的全过程。[14]

本节笔者从价值、内容和过程三个维度对教育政策进行了分析，涵盖了教育政策结束时的静态文本形式和政治晋升的整个动态过程。它以问题和行动为导向，帮助决策者理解和解决政治问题，以跨学科和应用政策研究为特点。教育政策本身就是一些有利于利益相关者的规则和规范。它是"某些利益集团"为了达到特定目的而制定的，具有很强的主观性。政治价值分析反映了教育政策的这一基本特征。通过对政策价值的分析，可以调查和评估决策者的主观偏好和决策群体的利益。策略内容分析也可以称为文本分析。作为政策实施手册，它对教育政策的正确实施具有重要意义。对它们的分析可以覆盖时间和空间的距离，并对不同时期的教育政策进行历史和纵向比较。它也可以是一种横向比较，即处于同一社会发展阶段的不同国家的教育政策的比较。通过对政治内容的分析，人们可以更好地理解教育政策的目的和手段。当然，由于政策的普遍性，对它们的分析需要充分利用多学科知识。政策分析涉及更广泛的领域，包括政治、心理、技术、法律和其他因素。因此，价值分析的结构、内容和过程内在地符合教育政策的特点，从而保证了政策分析的有效性。

作为教育政策的第二个概念，外语教学政策与教育政策具有相同的本质特征和特点。从价值分析、内容分析和过程分析三个维度对外语教学政策进行研究，可以全面准确地了解全球外语教育政策的现状和存在的问题。对外语教育政策价值的分析反映了其政治性。价值分析不仅包括对外语教育政策本身价值取向的分析，还包括将价值分析作为研究工具来审视外语教育政策的各个方面。"教育政策内容的研究是静态的，而教育政策决策过程的研究是动态的"。内容分析反映了外语教育政策的目的性追求和"实质合理性",而过程分析反映了外语教育政策的"程序合理性"。

二、外语教育政策的价值分析

政治价值分析是对政策及其活动的评价,主要解决"期待什么""喜欢什么""为什么期待""为什么分配利益"等问题,如政治环境的利弊、政治目标背后的期望和偏好、政治过程的民主化和科学化程度、价值共享原则等。从哲学上讲,外语教育政策应该成为外语教学政策的主要组成部分。此外,还必须注意提高教学质量、语言教学标准、课程要求、教育目标、教学模式及不同外语教学活动的目标属性。外语教育政策服务于国家安全和国际形势,具有政治价值。外语教学社会资源的调整体现了政策的经济价值。当政策被用于加强学校外语教学管理或规范外语教学活动时,它反映了政策的教育价值;当用于帮助个人学习外语时,它将显示其对人类发展的价值。外语教育政策通过调整"国家利益、学校利益和个人利益"直接反映其社会价值。外语教育政策的价值分析包括追求国家教育政策的公共价值、政策制定者的价值取向及不同利益群体之间的价值冲突。外语政策的政治价值、经济价值、教育价值和个人价值取向体现在外语教育政策的内容、过程和实施中。

(一)外语教育政策的价值选择、合法性和有效性

外语教育政策的价值分析是外语教育政策研究中最基本、最核心的课题。外语教育政策的价值研究是在价值哲学的全球视角和方法论指导下,探讨外语教育政策的价值选择、合法性和有效性。价值选择、合法性和有效性是外语教育政策价值研究的三个维度。首先,外语教育政策的价值特征以一种现象的形式表现为一系列的价值决定;其次,与本体论相关的外语教育政策的特征价值是价值选择的"合法性"。在政治过程意义上,教育政策的特征价值是价值选择的"有效性"。外语教育政策的价值选择是外语教育政策制定者基于自身价值判断做出的集体或国家选择。正如托马

斯·戴伊（Thomas Dye）认为"凡是政府决定或者不做某件事的行为就是公共政策。"它隐含着决策者对价值的期待或追求，反映了政治制度中的某种价值偏好，表达了外语教育政策的目的和价值。从表面上看，语言政策和规划包括解决语言问题，但最终要考虑政治和经济利益。合法性意味着某物有被承认和接受的基础。从具体依据（如法律、规则、习俗、规范或逻辑）来看，外语教育政策过程包括教育利益的分配、教育领域社会关系的适应和调整及教育问题的顺利解决。

外语教育政策的合法性是指外语教育政策的价值选择遵循法律、社会价值观、意识形态、传统模式乃至社会习惯等一般规律和规范，以获得认可、接受和尊重。在社会上，外语教育政策的选择符合外语教育的价值取向和实践价值。外语教育政策的有效性是指效益、效率和影响力的单位。这意味着外语教育政策活动能够以最低的成本取得最有价值的政治成果，从而充分发挥外语教育政策的作用和效益。学科必须决定外语教学的价值。主体满意度越高，层次越高，价值越高。如果外语教育政策损害了学生的利益，则具有负面价值，如果它与学生无关，它就没有价值。为了提高外语教育政策的有效性，我们必须引导和促进建立一套合理的价值观；解构并消除不恰当的价值取向。合理的外语教育政策的价值取向必须是国家发展与教育发展的统一、目标与规律的统一。规律性是实现这一目标的必要前提。在宏观层面上，外语教育政策价值取向的基本性质和取向符合社会发展规律的必然要求；在微观层面上，外语教育政策必须遵循外语教学取向、目标取向、课程设计、教学目标、教学内容、外语教学计划和管理等客观规律。

（二）外语教育政策价值取向的要素

外语教育政策的价值取向由几个层次的要素构成。主要包括政策方法、政策评价标准、意识形态和评价标准。在这四个要素中，政策方法是最重要的，在政策制定和执行中起着关键作用。对外语教学政策理想价值的追求，即对外语教育政策前景的良好预期，对外语教育政策的制定和实施起着直接的主导作用。政策评价标准是政治理论、政治思想和政治理想的体现。具体的政治理论、思想和理想构成了政策评估的具体标准。当然，它的作用是不可否认的，因为它是一种对指令价值的衡量，它是通过修改来决定指令是完成还是继续。政策价值取向决定和控制着主体价值的选择，是主体价值的重要组成部分，它对其他学科有很大的影响，它是社会的、历史的、当代的和民族的。

外语教育政策的制定、实施和评价的实践过程反映了外语教育政策的价值和方向。外语教育的特定价值方向也可能反映外语教育的历史价值方向。外语教育政策的价值可以表现为四种形式：政治价值、社会价值、教育价值和人文价值。其价值形式体现在制定和实施外语教育政策的实践中。有学者认为，这四种现象必须遵循从低到高的优先顺序。也就是说，外语教育政策首先必须反映人的价值，其次是教育价值，再次是社会价值，最后是政治价值。外语教育政策的最终价值在于促进人的自由、全面、和谐的发展。我国社会对传统人才培养的需求反映了外语教育政策的社会价值，这是工具价值的一部分。外语政策必须在教育价值和人文价值的基础上寻求政治价值和社会价值。良好的外语教育政策价值方向性应包括两个方面：尊重国家发展和教育发展统一；坚持目标和规律的统一。

我国外语教育政策的价值观应该是主体教育政策的价值观。外语教育政策旨在满足外语教育政策主体的需要，即满足受教育学生的需要。外语教育政策的价值取决于满足受教育者需求的性质和程度。外语教育政策越能满足主体的需求，外语教育政策的价值就越高。反之，则外语教育政策的价值就越低。外语教育政策基于教育价值观和人文价值观，它寻求政治和社会价值。外语教育政策的发展和外语教学的发展是另一种双向制约和"塑造"的目标和媒介。一方面，国家有权通过调整外语教学的内部关系，调动各种资源发展外语教学，解决外语教学发展中的问题。另一方面，通过语言教学全面培养公民，通过语言教学培养外语能力强的人才，为社会经济发展服务。与其他学科或课程一样，语言培训促进人的整体发展，帮助塑造尊重社会规范的公民。最重要的是，它帮助人们形成一定的态度，维护社会秩序，为治理和教育现代化创造稳定的环境。

外语教学的过程就是关注学生的过程。社会需求、外语教学和学生价值取向的统一是实现外语教学价值的保证。在现实中，价值往往是有偏见的，社会需求决定并限制了外语教学的价值。即使对立的价值观是一致的，这并不意味着对立双方在权力控制、控制和平衡方面实际上是对立的。一方面，由于社会条件的不同，外语教学的价值取向在不同的历史时期是不同的，在一定时期内是相对稳定的。另一方面，社会是一个动态发展的过程，它改变了价值结构和个人需求的内容。[4]社会经济的发展也改变了社会对外语教学和语言技能的需求。社会需求的变化导致价值比与社会发展之间的偏差，使其趋于稳定。究其原因，是社会发展和教育改革滞后导致外语需求的变化，以及外语培训评估的内容与外语人才的社会需求之间的矛盾，导致外语培训寻求与社会需求之间的价值偏差。结果表明，社会需求与教育价值期望之间的动态关系是外语学习的社会价值需求与价值期望之间存在偏差的主要原因之一。

社会需求具有稳定性和动态性的双重特征。社会需求的稳定性要求人们建立外语教育的价值体系。社会的动态需求要求外语教育改变当前的价值追求。社会需求制约了外语教育的价值取向，导致外语教育发展滞后。这种滞后与社会需求的动态相矛盾，造成它们之间的偏差。外语教学发展的真正动力在于社会对外语技能的需求和个人对外语技能的需求。然而，正如人们需要外语教学来帮助他们获得外语技能一样，社会也需要外语教学来培养具有外语技能的人才，使外语教学能够满足双方的需要，成为社会所必需的外语教学，调解学生和社会的共同需求。从社会与教育的价值关系来看，社会是教育价值的对象。教育必须培养需要并满足社会需求的人，这也是教育的社会或工具功能，教育是社会发展的工具。从外语教学与学生价值的关系来看，外语教学必须满足学生的需要，学生必须是外语教学的价值对象。学生需要外语技能，而外语教学可以满足他们发展外语技能的需要。在外语教学过程中，从满足社会和学生需求的角度出发，外语教学必须满足学生的需求，培养学生的价值观，传授学生的语言技能，最终满足学生的需求。从教育过程来看，掌握知识和培养技能是学生主动性的结果，是外语教学发展的内因，而教师和教学环境是外因。因此，学生是外语教学的主体，一切外语教学活动都必须满足学生的需求。

莫里斯·科根将教育政策的价值自下而上划分为四个层次：政治价值、社会价值、教育价值和人文价值。在外语教育政策领域，外语教学政策的价值必须以外语教育政策的教育价值和人文价值为基础。政治价值和社会价值不能结合在一起。而社会价值不是外语教育政策的终极价值。从教育是社会发展的必然性出发，追求人的发展的教育政策可以提高受教育者的生命价值，使受教育者全面、自由、和谐地发展，形成和谐的理想人格，达到真善美的统一。价值层次是价值存在的基本形式，构成了价值领域超越的基本秩序。"所有的价值观都是分层的。"外语教育政策的价值具有客观的层级结构，自下而上反映了政治价值、社会价值、教育价值和人文价值的层级顺序。这一价值水平不仅是外语教育政策价值的物质基础，也是评估外语教育政策价值的外部参照。外语教学的主要要求是评估外语教学政策价值的内部基准。外语教育的价值观受到学科需求的限制：随着学科构成的变化、学科知识和实践技能的提高、专业价值观的融合，外语教育的价值观具有鲜明的特点。因为同样的外语教育政策是纪律意志客观化的产物。正是学科本身的必要性促使该学科寻求外语教学政策的价值。外语教学政策的实践是其价值的源泉。外语教育政策的主题问题与学科属性之间存在有价值的关系。从政治目标到决策和政策执行，主客体的归属问题是一种价值关系。作为实践活动的内在内容，它们是通过双向对象化而产生的。问题、客体属性和实践是外语教育政策的基本价值范畴。

三、外语教育政策的内容分析

外语教育政策的内容分析一般包括宏观内容分析和微观内容分析。在宏观层面上，内容分析考虑了外语教学的构成和垂直性，高等教育外语教育政策在目标、手段和对象上的一致性，以及外语教育政策的哪些要素趋同，它符合外语教育的目的和规律。在横向结构中，分析了外语教育政策与其他教育政策的关系，以及外语教学政策与政治、商业和文化的关系。

在微观层面内容分析包括外语教育政策的内容是否明确，外语教育政策的取向是否合理明确，目标是否明确，手段是否明确，政策的可行性、实施的影响及外语教育政策的手段和目标之间关系的适当性。在纵向结构中分析旨在考察外语教育政策的内容与国家教育政策的目标、手段之间的一致性。应当更加关注具体的外语教育政策与其他教育政策在目标、条件和形式上的趋同和重叠。

外语教育政策的内容丰富而具体，直接服务于外语教育政策的预期目标。外语教学政策的内容取决于对现状的仔细分析和理解。外语教育政策的制定必须以扎实的知识为基础，包括政策、教育学、语言学、政治学等学科。首先，要有准确的数据、研究成果和丰富的经验来充分研究和分析外语教学；其次，要准确分析背景，包括特定时期的政治、经济、人口、社会和文化状况及外语教学的历史；最后，要预测和评价利益相关者在外语教学改革中的合理性和作用，以及不同利益相关者之间的互动过程。外语教育政策的内容涵盖了外语教学和外语教学改革的各个方面，如总体课程要求、课程设置、教材结构、考试设计和操作等。该政策是否符合当前的教学实践情况？如何管理各级学校？如何实施外语教育政策？这些都是外语教育政策内容分析的一部分。

四、外语教育政策的过程分析

外语教育政策过程研究就是分析外语教育政策从规划到决策的全过程。公共政策制定过程是西方政策科学研究的核心。"政策研究的核心是把政策制定作为政策研究和改进的对象，包括政策制定的一般过程和具体政策问题的改进过程。"[4]外语教育政策的过程分析主要回答"外语教育政策是如何形成和实施以达到一定的政策目标"的问题，这个问题涉及政策正式化的所有阶段，从政策制定到政策评估。外语教育政策的科学化是外语教育规划的重要因素，涉及外语教育政策的决策和执行：什么样的过程、政策的结果、谁是外语教育政策的受益者和输家、谁来制定政策、如何决策。一般来说，一个理想的政策制定过程包括七个过程：政策问题界定、目标设定、方案设计、效果预测、方案选择、政策实施和政策效果评估，即公共政策决策过程。

战略是一个单一的或集体的决策，明确地或隐含地指导未来的决策，启动或停止某些行动，或通过设定指导方针来指导某些决策的实施。政策制定是任何规划周期的第一步。规划者必须充分理解政策制定的动机，然后才能有效地设计实施和评估步骤。在政策生成的一般过程中，决策是最关键的，而决策是政策分析的中心环节。但在做出决定之前，应该进行一些分析和政治活动。做出决定后，应该做一些同样重要的计划活动（实施、评估和可能的重新设计）。政策决定是政策的改变，是对教育领域一个或一组问题的正常反应。在做出决策时，必须了解和评估教育部门及其环境。现状分析包括对教育部门本身（教学、科研、服务、教师、学生等）的分析及教育部门所处的社会环境（政治、经济、人口、文化、社会）等。

界定政治问题是分析外语教育政策过程的逻辑起点。成功地定义政治问题是任务成功的一半。外语教育政策必须是反映全社会外语教学需求的矛盾和冲突的公共事务，既客观又主观。教授外语是每个学生都必须学习的课程。它将千家万户的切身利益融入社会，反映了利益、价值观和规范之间的冲突。与其他政策一样，我国的外语教学政策不可避免地存在一些问题。"教育问题"是指教育内部要素之间或教育制度与其他社会制度之间的不和谐。问题是政策的逻辑起点，问题识别是决策的主要环节。外语教育政策分析人员应根据政治问题产生的原因和核心，分析政治目标的相关性、可行性、系统性、规范性和特殊性。[4]参与外语教育政策的行为者需要他们的技术和政治特征，包括外语政界领袖、政治分析人士、外语教师、校长等利益相关者，讨论并确定什么应该是集体智慧的结晶。作为专业的政策分析人员，需要在技术层面上改进政策问题及提出、确认和描述决策者提出的问题的三个层面，为政策分析创造一个理想的逻辑起点。

外语教学的政治目标反映了决策者心目中"应该是什么"的政治愿景。这是决策的第二步，通常是抽象的或一般的。外语教学政策的设计、影响评估和选择是决策过程的具体操作要素,主要由外语教师、政策研究人员和分析人员进行补充。集思广益,收集各种解决政治问题的方法和途径,设计一些切实可行的方案;在不同可能的客观条件下使用不同的技术和手段,预测不同系统的预期效果;最后,比较不同方案的优缺点,选择或总结出最满意的方案。在制定外语教育政策之前,政策制定者应该在深入研究的基础上对每个项目进行系统的分析和评估。他们不仅应该对政策建议可能产生的教育影响进行预期评估,还应该从可行性、资金可及性及它们是否能够持续足够长的时间等方面展示相应的政策影响。一般来说,教育政策和措施有两种选择。第一种选择,政府机构组织相关专家通过政府议程进行研究、讨论和确定战略,第二种选择是通过媒体让公众参与讨论。第一种选择在我国的外语教学过程中没有得到充分体现,有三个主要原因。首先,专家的组成相对单一,他们不是各个环节相关人员的代表;其次,专业人士没有与公众进行真正的接触,往往忽视公众舆论的声音;最后,专家在研究党组织和政府官员的问题时容易受到影响。

在分析外语教育政策时,最后一个需要回答的问题是如何实施外语教育政策及外语教育政策的影响。外语教育政策的实施是政策制定者和实施者为实现政策目标而采取的一系列措施。公平执行政策非常重要。美国政治学家艾莉森说:"在实现政策目标的过程中,计划中定义的职能只有10%是确定的,而剩下的90%是由有效实施决定的。"[1]对外语教育政策执行情况的分析应该明确哪些内容、谁应该执行、谁是执行的目标和群体、应该执行什么程序及如何执行外语教学政策。各种社会、政治、经济和文化因素将影响政策的执行。从社会学的角度来看,外语教育政策的实施是不同社会群体之间不断互动的过程。外语教育政策的实施受教育关系结构和更广泛的社会结构的影响。

总的来说,外语教育政策的实施与外语教育政策的制定背道而驰,有不同的优先顺序。总体而言,外语教育政策采用自下而上的方法,从公共需求到最先进的政府决策,关键领域是决策。教育政策中社会利益的发展往往是决策系统中不同力量之间竞争的结果。然而,外语教育政策的实施却遵循了"自上而下"的相反路径。政治执行过程是对社会的治理过程，即政府的意图、目标和相关方案在基层社会中执行，基层政府和社会是执行的关键领域。政策执行的质量取决于基层社会和政治利益集团对政策的认可，以及对政府意图的理解和坚持。笔者认为，外语教育政策的制定源于基本的社会问题，反映了社会的需求，但经历了一个自下而上的过程，这也是一个建立政府的过程。同样，外语教育政策的实施是政府的意志，其自上而下的实施过程实际上是一个社会建设的过程。通过分析有关这些问题的文献，可以清楚地看到，外语教育政策的实施是一个全社会的问题，而不仅是教育行政部门及其领导的问题。外语教育政策的实施在很大程度上取决于外语政策能否成功融入社会网络结构，以及如何创造社会力量。在外语教育政策的决策过程中，不同的利益相关者应该能够以不同的方式参与协商。

外语教育政策正式实施后，应及时对外语教育政策进行评估和反馈，并对政策进行适当调整。我国传统的政策实施方式是在政策全面铺开前进行示范政策推广，对示范点、示范区的政策实施情况进行总结归纳，收集反馈意见，根据政策效果对政策进行评估。外语教育政策的实施遵循最初设计的政策目标和价值观这一方针。通过示范点的实施和验收，可以了解政策的实施效果；通过实施过程中的监督检查，可以确保政策在实施过程中不被随意修改或偏离原定目标；同时，通过比较执行结果与预期效果的距离，可以确定政策需要修改的地方，或者终止未能达到预期效果的政策。外语教育政策实施后获得的评估信息可以为解释政策成败的原因提供依据，为后续政策奠定基础。

第二章 我国外语教育政策的发展历程

第一节 我国外语教育政策的价值取向

外语教育是高等教育的重要组成部分。笔者从教育哲学和社会学的角度，探讨了社会需求与外语教育的价值关系，探讨了外语教育的发展过程、教育改革和发展趋势。[4]外语教育政策的价值取向分析旨在根据外语教育政策的价值取向，根据自身的需要，审视外语教学主体在外语教育政策价值取向中的价值和价值取向。外语教育政策的产生和发展是社会发展的必然产物。一个社会群体学习什么样的外语，一种语言在一个国家的教育体系中占多大比例，取决于该社会群体的价值或该国对外语的需求。社会发展对外语学习的价值驱动着世界和我国外语教育政策的发展。

一、外语教育政策和社会环境

外语教育政策的制定受到政治环境的强烈影响。政治背景是"影响政策产生、存在和发展的所有因素的总和"，包括自然环境和社会环境。一个国家的地理位置、气候条件、领土和其他自然环境将对决策过程产生一些影响或将产生一些限制作用。政治、贸易、文化、人口、国际形势和外交关系等社会环境往往对决策产生更直接、更重要的影响。我国的外语教育政策受到国家政治、商业和国际环境的强烈影响。教育政策的制定是一种政治行为，因为每一项教育政策都反映了统治阶级的意志和利益。[4]政治教育政策的影响主要体现在政治信念、政治价值观和意识形态上，在制定政策目标和选择政策方案方面发挥着重要作用。从外语教育政策的语言选择可以看出国际环境和对外关系对外语教育政策的影响。从20世纪50年代俄语"一枝独秀"到现在"人人都学英语"，直接影响了当时国家的外交政策和与其他国家的关系。经济对外语教育的影响是最重要的因素之一。社会发展直接需要人才的外语能力，外语能力是推动外语教育改革和发展的最重要力量。

教育与一个国家的文化传统密切相关，文化因素对高校外语教育政策的影响不容忽视。在长期的历史发展过程中，每个民族都会逐渐形成独特的民族意识、民族心理和民族情感，最终积累成一种可以口头、书面或通过大众传媒表达的民族文化，产生巨大的影响。我国是一个坚持和捍卫集体主义的国家。人们有传统的爱国主义和朴素的民族感情，把追求理想与国家利益结合起来。人们对国家政策的理解和支持是促进我国外语教育政策正确实施的因素之一。例如，在中华人民共和国成立初期，有一种"留俄热"，这种"热"是建立在支持党、热爱我国的广泛而坚实的思想基础上的。学习俄语后，可以直接接触苏联的科学技术、文学艺术，直接为社会主义建设服务。带着对社会主义的渴望，人们接受学习俄语是进步的需要，是响应党的号召，积极参与社会主义建设的实际行动的需要。这就是为什么不仅年轻学生，而且像马寅初和朱光潜这样的成功专家和教师都加入了俄语学习的行列。改革开放后，人们逐渐认识到英语在全球经济发展中扮演着最重要的角色。为了满足社会需求，提高社会地位和经济收入，人们通过各种方式提高自己的英语水平。"英语热"继续在全国各地发生，尤其是在大中城市和沿海地区。在"英语教育从孩子开始"的口号下，全国各地建立了许多外语培训机构，引发了各种流行英语比赛，甚至幼儿园的孩子也成了英语比赛的"参与者"。这种对国家政策的积极回应，不仅促进了外语教学的快速发展，而且促进了我国外语教育政策的发展。

我国的外语教育深受社会环境的影响。社会发展要求高校提供具有特定专业知识和较强外语能力的人才。社会对大学外语课程的影响是双重的。一方面，社会对外语能力的需求直接反映在大学外语教学的要求上。比如，随着对外贸易的快速发展，对英语口语的需求越来越高，这种需求会通过学生的需求反映到大学外语教学中,从而更加注重学生听力和能力的培养。另一方面,政府通过制定外语教育政策引导外语教育,推动高校外语课程改革,以适应社会需求。

二、外语教育的价值关系

价值是指客体满足主体需求的程度,外语教学价值是指作为客体的外语教育活动满足不同主体需求的程度。外语教育价值是指高校外语教学主体为满足自身需求而对外语教学的态度和评价。正确和谐的外语教学观可以促进外语教学的发展。反之,则会阻碍社会和人类发展,导致社会和人力资源的浪费。价值是客体的属性与主体的需要之间的关系,是主体与客体关系的源泉。外语教育改革和发展的主体是一批外语教育决策者、研究者和教师。外语教育具有为社会培养具有特定专业知识和较强外语能力的人才的社会功能,能够满足社会对具有特定专业知识和外语能力的人才的需求,从而与社会形成价值关系。另外,社会需要的交不是学生本身,而是具有特定专业知识和较强外语能力的人才,是这类人才的外语能力。受过教育的人本身并不是天生就会外语的。社会与外语教育、外语教育与学生之间存在两对价值关系,因为外语教育能培养出社会需要的具有特定专业知识和较强外语能力的人才。外语能力是这两对价值观的共同追求。

价值追求是主体活动的内在动力,推动着人们认识和实践的发展。外语教育发展的真正动力在于社会对外语能力的需求和个人对外语能力的追求。从社会与外语教育的价值关系来看,社会需求是外语教育存在和发展的必要前提和条件。外语教育是大学外语教育在社会中的价值主体。外语教育必须培养符合社会需求的具有特定专业知识和较强外语能力的人才,即具有社会功能或工具功能的外语教育。从外语教学与学生价值观的关系来看,大学外语教学必须满足学生的需求,学生必须尊重外语教育的价值观。学生需要大学外语教育的原因是他们需要外语技能,外语教学可以满足他们发展外语技能的需要。为了在外语教学过程中满足社会和学生的需求,外语教学必须满足学生的需求，关注学生，确保学生掌握外语技能，最终满足他们的需求。

三、外语教育的价值观

"教育的目的是让一个人成为自己。"在就业和经济发展方面，这类教育的目的不应是培训年轻人和成年人从事特定的终身职业。必须对他们进行不同职业的培训，并尽可能多地激励他们。"外语教学是一种人文教育。在外语教学过程中，人的发展和提高始终是外语教学的目标。外语教学的本质是提高学生的身心素质和自身价值，这也是外语教学的内在价值。"换句话说，教育应该"以人为本"。如果没有本体论价值来满足他们的需求，促进他们自身的发展，其他外语教育价值观就会变成一场空洞的对话。一些科学家深刻指出，教师谈论教育不仅是从学术背景出发，他们掌握并享受一定的知识、学习、强烈的主观能动性、丰富的精神生活、美德、素质，并且能够不断发展和提高。

外语教育政策的产生和发展不仅受学生发展状况和需求的影响，也受社会经济发展状况和需求的影响。对外语教育与人文价值关系的不同理解导致了外语教育价值观的不同，高校外语教育价值观的不同导致了外语教育行为的不同价值取向。对学生社会或个体发展的重视反映了外语教育的不同价值观，从而导致不同的教育行为价值观。可以从教育的内在需求、人的个体需求和社会需求三个方面来划分教育中知识的价值、社会的价值和学生的价值。虽然我国外语教育的价值取向在不同的历史时期有不同的特点，但总体上是以满足社会政治、经济和文化的需要为中心的。

（一）单一价值取向、双重价值取向和三元价值取向

1. 政治中心单一价值取向阶段（1862—1978年）

我国的外语教育是鸦片战争后从西方引进的。从外语教育诞生到改革开放，由于外语学科的特殊性，外语教育政策的价值取向一直受到国内外政治局势的影响；同时，作为下级教育政策，与国家教育政策高度契合。从1862年外语教育最早出现到1978年改革开放之初，外语教育的价值

取向总体上是政治性的。外语教育是在帝国主义东扩的影响下产生的。最早的外语教育始于1862年，是清政府在北京创办的，随后是洋务运动的产物——上海广言言馆和广州同文馆。当时清政府濒临崩溃，西化派试图借助外力加强综合实力，向外国取经以维持统治。在"救国保种"意识的支配下，西化者为了在外交上"免于受欺负"，消除"语言不通、字迹潦草"所造成的障碍，把人培养成"通晓各国情况""通晓外国语言"的人。"学洋务，理洋务"旨在培养精通西政西学，能为清政府服务的人才，以摆脱被动落后的局面，体现出当时社会政治服务的价值取向。[4]

自中华人民共和国成立以来，我国外语教学政策的价值取向基本上是从教育政策的角度出发，服务于目标国家。从本质上讲，政治比技术更重要。价值导向的政治和社会价值观比教育和个人价值观更重要。中华人民共和国成立初期，由于政府部门缺乏管理国家和教育事务的经验，加上党在长期革命斗争中积累的丰富管理经验，中国共产党自然成为教育政策的主要机构。由于政治领域的限制，计划经济体制下的外语教育政策的价值不可避免地在国家政治经济中发挥作用，忽视了非大学教育政策的人文价值。这表明政治和社会的价值高于教育和人的价值，违背了政治、社会、教育和人的价值取向。

中华人民共和国成立后，一方面是帝国主义的封锁，另一方面是苏联的大力援助。在社会主义建设初期，为了迅速改变贫穷落后的局面，我国人民开始向苏联学习。1953年，根据《中苏友好同盟互助条约》等中苏协议，苏联派出大量专家帮助我国进行经济建设，各行各业对俄语翻译人才的需求急剧增加。在这种情况下，教育部于1953年召开了第二次全国俄文教学工作会议。[4]因此，俄语成为高中和大学的主要外语课程之一，全国掀起了一股"俄语热"。俄语学习热潮是由当时"一边倒"的外交政策和中苏关系发展的实际需要，以及保卫以苏联为首的东方集团的政治需要决定的。在"全民向苏联学习"的口号下，俄语在外语教育中被过度推广和发展。不顾当时外语课程以英语为主的实际情况，大学被迫开设俄语课程，并将外语课程由英语改为俄语。因此，师资力量不足，许多教师边学边教。然而，英语和其他外语并没有得到应有的重视和对待，导致俄语人才过剩，其他语言的发展也没有达到应有的目标。到20世纪50年代末，大批俄语教师转而教授英语，边教边学，师资没有保障，教学质量难以提高。它反映了外语教育政策把政治服务放在第一位的倾向，给大学外语教学带来了严重后果。

经过三年的困难时期，周恩来总理在陈毅副总理和外交部长的陪同下，访问了包括埃及和阿尔及利亚在内的多个国家。这次访问增进了我国与这些国家的友好关系，但也暴露了我国外语干部在数量和质量上的严重短缺。根据周恩来总理和邓小平总书记的建议，国务院外事办公室、高教部党组起草了《关于解决当前外语干部严重不足问题的应急措施的报告》。报告指出，外事翻译干部的数量、语言和素质远不能满足国际国内形势发展的需要。根据当时的调查，俄语人才相对过剩，其他外语人才严重不足，并提出了相应的应急措施。[4]1964年10月，国务院外事办公室、国务院文教办公室、国家计划委员会、高等教育部、教育部在《关于外语教育七年规划问题的报告》《外语教育七年规划纲要》中联合提出了语言教育和外语教育七年计划。1964年，党中央、国务院批准了这个报告和纲要。这就是胡文忠所说的"我国唯一严格的外语教育项目"。《外语教育七年规划纲要》将英语确立为第一外语，并决定调整高校和中专外语课程的比例。该计划实施后，新的外国语学校成立，原有外国语学校的规模扩大，外语教育的局面得到有效调整。

1979年以前，我国高等教育的价值取向也是以政治为中心，这是基于当时的教育宗旨和政策。1950年，教育部提出了"为工农服务，为生产建设服务"的教育方针。从字面的表述来看，当时的教育方针明确规定教育首先为工农服务，然后为生产建设服务，具有很强的政治性。1956年，教育部颁布了《中华人民共和国高等学校章程草案》；1958年，中共中央、国务院颁布了《关于教育工作的指示》。两个文件都强调要培养有政治觉悟、对党和国家忠诚、为社会主义建设所需要的"高层次人才"。特别是1957年，毛泽东主席指出："我们的教育方针，应该使受教育者在德育、智育、体育几方面都得到发展，成为有社会主义觉悟的有文化的劳动者。"[42]人才培养的法规和标准一直是我国高校人才培养目标的基调。

在这样的社会环境下，外语教育倾向于强化政治，脱离实际，强调教育要为政治服务。教学内容与西方语言和文学体系分离，增加了政治和实践内容。教科书主要是选自报纸和杂志的政治文章和相关翻译，突出了我国教科书的思想政治性质。大学外语课程主要研究政治词汇，而忽略了语言的基本知识、生活主题和语言环境。在教材的选择上，反映中文内容的译文较多，反映外国内容的原文较少。我国目前仍有许多外语教育政策严重影响了教学效果及外语技能的提高，教材的提供不科学、不系统，词汇、语法、句子模板和章节的安排不符合外语学习规律。总之，从课程内容到教学规则，外语教学都非常重视为社会政治服务。

2. 政治主导、经济次之的双重价值取向阶段（1990—1997年）

所谓"双重价值取向"，是指政治中心取向和经济中心取向。从1990—1997年，我国高等教育的价值取向以政治领域为特征，并开始关注经济领域的特征。中国共产党第十一届中央委员会第三次全体会议（以下简称"十一届三中全会"）使我国的国内外形势发生了重大变化。十一届三中全会恢复了实事求是的思想路线，确立了国家的根本改革和对外开放政策，把党的工作重心从阶级斗争转移到经济建设上来。外语教学注重民族工作，服务和支持改革开放和现代化建设。为了适应社会和经济的发展，对大学英语教学进行了改革，以提高学生的全面英语应用能力，尤其是听说能力和自学能力。与专业相结合的英语教材不断涌现，如科学英语、金融英语、外贸英语、法律英语等。

1990年12月25日至30日，中国共产党第十三届中央委员会第七次全体会议召开。根据国务院关于制定国民经济和社会发展十年规划和第八个五年计划的建议。1993年，中共中央、国务院制定并印发了《我国教育改革和发展纲要》。《中华人民共和国教育法》于1995年颁布。这些教育政策的共同特点是，把政治领导放在教育和铁路建设者、接班人的首位，德、智、体全面发展，为社会主义现代化建设服务。与《我国教育改革和发展纲要》提出："教育必须为社会主义现代化建设服务，必须与生产工作相结合，培养德、智、体全面发展的建设者和接班人。"它反映了国家已经开始恢复经济重建，并认识到国家的社会职能是为教育服务，教育应该为国家经济重建服务。在"为社会主义服务"的基础上，教育也必须为"经济建设"服务，这清楚地体现了教育价值的双重取向。值得注意的是，政治取向和经济取向都是基于社会发展的需要，是社会取向和价值取向的一部分。因此，高等教育的双重价值取向也可以看作是一种社会价值取向。随着生产力的发展，教育的经济价值从未被强调，而人的价值却被忽视。

经济对外语教学的影响是显而易见的。社会经济的发展是外语教学的基础。一个国家或地区的经济发展水平和实力，不仅为外语教学的发展提供了一定的经济、物质和技术条件，而且对外语教学的发展提出了一定的客观要求。外语教学的发展需要企业、材料和技术的支持。一方面，为了提高外语技能，国家需要投入一些教育资源。另一方面，经济的发展也增加了社会和个人对外语教学的需求，以促进外语教学的发展。它需要一门外语的社会培训来随着经济的发展而发展和提高，为社会提供足够的合格人才，拥有足够的知识结构和强大的外语技能。外语教学的发展受到社会经济发展的制约，又积极促进社会经济的发展。

3. 个人、社会和知识的三元价值取向（1998年至今）

三元价值取向包括个人价值取向、社会价值取向和知识价值取向。1998年通过的《中华人民共和国高等教育法》打破了政治和商业的双重价值取向，走向个人价值、社会价值和知识价值的共存。《中华人民共和国高等教育法》明确规定："高等教育的任务是培养具有创新精神和实践能力的高级专门人才，发展科学技术文化，促进社会主义现代化建设。"为支持高等教育，促进人才发展，高等教育必须促进全球社会政策、经济和文化的发展。高等教育必须坚持学术研究，进行知识的选择、分类、转移、保存、创造和更新。

1999年，国务院通过了教育部制定的《面向21世纪教育振兴行动计划》。为实施高层次创新人才工程；提高知识创新能力，培养具有创新能力的人才；建设世界一流大学和学科；进行科学研究并监控知识的价值提供了理论依据。值得注意的是，高等教育必须坚持个人价值、社会价值和知识价值的"三重"价值取向。然而，个人价值和知识价值的实现能够更好地实现社会价值。显然，社会价值取向仍然占主导地位。"人才越多越好。""人才"的概念继续强调功利主义和工具性，更注重个人对社会的贡献，而不是真正的"人"的教育。[4]

纵观我国外语教育的发展历程，可以清楚地看到，社会环境影响着高校外语教育的发展轨迹。从20世纪五六十年代的"全面学习苏联"，到20世纪70年代末的"全民学习英语"的教学热潮，从20世纪80年代的科技外语到20世纪90年代末的实用口语。这些都是由社会环境、社会对外语人才的需求及外语教学满足这种需求的结果所驱动的。近年来，外语教育界已经认识到个体价值和知识价值在外语教育中的重要性，但在实践中，外语教育的价值取向并没有改变重视社会价值取向的传统习惯。

（二）社会价值观和个人价值观

教育是人类共有的永恒范畴，是无限的；教育也是一个有限的历史范畴。只有尊重教育的社会价值和个人价值，教育才能真正体现人与社会需求的和谐统一。

个性化教育的价值观认为，教育的最终目标是培养具有个性和素质的人，真正完整和自由的人。教育最重要的是"促进人的和谐发展"。与"为社会发展培养人才"的工具价值不同，教育不能只为社会提供人力资源。教育的价值在于它对个性解放和经验成长的贡献，重视人的存在。"我们不应该把学生视为一种手段，而应该将其本身视为一种目的。"这一概念的核心在于教育促进学生身心发展的程度。

个人价值观的本质是"大学的根本或最重要的价值是促进个人知识和理性的发展，实现人格的完善。"这种价值观的起源可以追溯到柏拉图创立的"学院"和古希腊亚里士多德创立的"门"。柏拉图认为，理性是公共灵魂中最高尚的部分，培养理性是教育活动的主要任务，必须在最高教育水平即大学水平上进行。大学教育的目标是培养理性和智慧的"哲学之王"。亚里士多德认为，教育在于发展人的理性，在于发展人的完整性，在于自由和谐的思维，在于享受自由的生活。19世纪，个人价值观在高等教育中发挥着不可动摇的领导作用。英国著名神学家、教育家、语言学家纽曼（Newman）认为，大学概念的核心是人类理性的发展，这也是他所捍卫的高等教育的终极目标。他强调"理性是将知识转化为实践结果的能力和行为"，最终实现人格的完善。

社会价值观源于对教育的强烈需求，是一种社会导向的价值取向，它关注社会需求和发展。教育首先要适应社会发展的需要，为国家的政治、经济、社会、文化服务。教育应该以社会理想为最终目标，使受过教育的人掌握社会知识和社会规范，使个人社会化，为社会服务。社会模式理论是由古希腊的柏拉图提出的。他认为，为了实现理想的国家，必须依靠政治教育来培养治理国家的理性人才。19世纪，厄尔和杜尔凯姆的"社会模式理论"发展迅速。以社会为中心的教育价值取向主张把社会需求作为教育的出发点和目标，把教育的各个方面纳入国家需求的轨道。杜尔凯姆认为，"教育不是个人及其使用的唯一或主要目标，但最重要的是社会有机会不断更新他们的生活条件"。成功的价值在于带来社会物质价值、政治价值和精神价值。20世纪初，"威斯康星思想"的形成标志着社会价值观的最终确立。威斯康星大学校长查尔斯·理查德·范·希斯（Charles Richard van Hise）表示，"教学、研究和服务是该大学的主要职能"。"教学、研究和服务三位一体"体现了美国实践教育基于社会发展方向的价值观。教育的主要目标是制定教育目标，以满足社会发展的需要。教育的本质是捍卫大学的主要价值，为社会培养各类专业人才，促进国民经济和社会发展。

"以个人为中心"和"以社会为中心"似乎是关于教育目的的无解的哲学命题。本质上是割裂了教育促进人的发展和社会发展的统一性，片面强调教育促进人的发展而否定教育的社会价值，反之亦然。"以人为本"理论强调以个体发展为基础构建教育体系，把人的发展作为教育的终极目标。根据社会本位理论，教育的社会价值高于人的价值，教育的社会价值是构建教育体系的指南。事实上，我们以日常生活中的价值观来判断教育的目的，而个人利益服从于社会利益是我国的传统观念。个人价值取向和社会价值取向之争，无非是争论人的价值和社会需求谁更优先。教育的目的应该是顺应自然规律，与万物和谐共存，探索宇宙、自然和人类自身的奥秘和真理，追求幸福美好的生活，发展人的完美人格，这应该是教育的终极价值。从这个角度来说，个人价值的实现无非是追求自然的真实和艺术，为他人的成长和幸福积极努力。但是，社会导向的视野不再需要停留在个人的被动服从上，而是从社会责任的角度出发，为人类创造一个良好的环境。任何将个人与社会分开的企图都是片面的、有限的，是对基本概念的歪曲。

我国建立了社会主义市场经济体制，平等、自由、开放、竞争的理念逐步深入人心，计划经济时代对国家、集体和"团结"的依赖，以及个人独立性的丧失发生了根本性的变化。人们可以充分追求自我实现、自我发展和自我创造的个人理想。因此，教育必须适应建立和发展市场经济的要求，培养具有独立人格、创新创业精神和廉洁执法理念的人才。此外，我国外语教学的长期社会价值观必须彻底改变。外语教学必须自下而上遵循政治价值、社会价值、教育价值和人文价值的层次结构，在教育价值和人文价值的基础上寻求政治价值和社会价值。这种价值选择是为了适应知识经济发展的需要，在全球范围内推进素质教育，发展社会主义市场经济。

第二节 我国外语教育政策的发展

一、外语教育的发展

我国新建本科院校外语教学的发展可分为两个阶段。第一个发展阶段是从20世纪60年代到90年代初。外语课程通常在外语学院、师范学院和综合性大学开设。外语课程很少，学生也很少，多为小班教学。一般来说，专业课程不超过20门。人才培养遵循纯语言、纯文学的科学研究和个别学科培养模式。这种模式追求卓越和诚信，强调专业知识和技能的系统性和完整性，培养研究型和学术型外语人才。[48]毕业后，学生主要从事外语教学、翻译、编辑等工作。第二个发展阶段是从20世纪90年代中期至今，我国高校外语专业发展迅速。以英语为例，根据教育部网站的数据，截至2006年底，我国70%的本科院校开设了英语课程，大多数专业学校也是如此。英语专业和毕业生数量增加，就业方向开始以商务就业为主，主要从事外贸、对外旅游等工作。

1. 外语专业的早期发展

从中华人民共和国成立到20世纪90年代，我国的外语教育经历了一个创新、改革与调整、挫折、发展与改革的过程。在这一过程中，外语教育政策对外语教学的发展起到了主导作用。在中华人民共和国成立前夕，毛泽东主席在庆祝我国共产党成立28周年的《论人民民主专政》一书中强调，"在列宁和斯大林的领导下，苏联共产党不仅会革命，还会建设。它们建设了一个伟大而辉煌的社会主义国家。苏联共产党是我们最好的老师，我们必须向他们学习。"向苏联学习应该培养俄语人才，外语教学应该满足国家对俄语人才的需求。中共中央决定建立一所专门的学校来培养俄罗斯人才。1949年10月，北京俄文专修学校成立，附属于中共中央编译局。

1951年9月，在毛泽东主席的指导下，中共中央宣传部和中央翻译办公室在北京召开了第一次全国俄文教学工作会议。1953年，我国开始实施第一个五年计划。根据《中苏友好同盟互助条约》等协议，苏联向我国派遣了大量专家，帮助我国进行经济建设。因此，各部门都增加了对俄语翻译的需求。面对这种情况，高等教育部于1953年8月组织召开了第二次全国俄文教学工作会议。会议就当时俄语教育的一些重要问题作出了一些决定。经国务院批准，1954年4月在全国范围内公布，作为我国俄语教学的指导方针，使俄语教学系统化和统一化。20世纪50年代中后期，由于"全面学习苏联"和俄语教育的过度发展，苏联、波兰、捷克斯洛伐克等东欧国家的语言人才远远超出了该国的实际需要。高等教育部和教育部宣布了俄罗斯、波兰、捷克斯洛伐克等东欧职业学习和转移的具体措施。

周恩来总理在《关于知识分子问题报告》中指出，"我们需要扩大外语教学，扩大重要外语书籍的翻译"。外语学校的西班牙语和其他外语专业得到快速发展。1954年中国人民大学贸易系对外贸易专业交入北京对外贸易专科学校，成立北京对外贸易学院，开设英语、法语、德语、日语和阿拉伯语专业。1958年，党中央提出了"教育为无产阶级政治服务，教育与生产工作相结合"的教育方针。1961年中共中央批准试行的《教育部直属高等学校暂行工作条例（草案）》规定："高等学校的基本任务，是贯彻执行为无产阶级的政治服务、教育与生产劳动相结合的方针，培养为社会主义建设所需要的各种专门人才。"在这一教育政策的指导下，一场全国性的"教育革命"应运而生。

教育革命以运动的形式从根本上批判了资产阶级个人主义，弘扬了敢言敢做的精神。在整个教育革命过程中，必须进行思想和教学改革，进行教育思想和学术思想的斗争。努力破除旧的教育观念、旧的教学体制、旧的教学方法和旧的教材。强调教育必须为政治服务，教育革命必须进行群众运动，教学内容必须增加政治内容。在治理和实践方面，课程实施"少而精"的原则。教科书过分强调"政治"和"现实"，主要反映有关我国真实情况的政治信息，翻译占很大比例。因此，学生的语言学习不够真实。过分强调实践，忽视语言理论知识的学习，导致学生在语言实践中缺乏语言理论知识的导向，影响语言质量；过分强调破除迷信，敢说、敢想、敢做，忽视语文教学规律，强调学生的作用，忽视教师的领导作用；同时，政治活动和生产工作课过多，导致学习时间缺乏保障。课堂教学完全处于次要地位，教学质量自然下降。

1961年，中国共产党第八届中央委员会第九次全体会议确定了"调整、巩固、充实、提高"的方针。在教育方面，会议总结了教育革命的经验教训，纠正了一些"左"的做法。会议发表了众多关于高等教育的文章和关于高等院校外语课程建设的意见，用于外语教学。规定"各专业本科生在学好第一外语的基础上，尽可能多学一门第二外语"，并对第一、第二外语进行了界定。"以教学为主"和"以课堂教学为主"的基本教学原则得到重新确认，高中教学秩序迅速恢复。1964年10月，陈毅副总理在北京外国语大学外语学院做了报告，会见了北京外国语大学、外交学院的领导、教授、副教授，就学校的办学方针、办学规模、培养目标、如何学好外语等问题做了重要讲话。1949—1966年的17年间，外语教学工作是在以周恩来总理和陈毅副总理为核心的党中央的直接领导下进行的，为建立有我国特色的外语教育体系奠定了坚实的基础。

1964年10月，在周恩来总理的指示下，高等教育部、国家计划委员会等部门联合制定的《外语教育七年规划纲要》中指出"整个外语教育的基础，同国家需要很不适应，呈现出尖锐的矛盾。所以出现这种状况，除客观形势的发展变化外，我们工作上的缺点错误是一个重要的原因。中华人民共和国成立初期和第一个五年计划期间，几乎在'空地'上大量发展起俄语教育，基本上满足了当时对俄语干部的大量需要，有很大成绩，但当时对其他外语人才的需要估计不足……这就招致外语教育的片面发展，并使整个外语教育水平大大降低……因此，这次七年计划，既需要大力改变学习俄语和其他外语人数的比例，又需要扩大外语教育的规模，这样才能把外语教育的发展纳入同国家长远需要相适应的轨道，由被动转向主动"。这是我国第一次将英语作为学校教育的第一外语，强调英语学习者的数量应该大大增加。

根据《外语教育七年规划纲要》，1964—1965年，有10多所外语学院和大学被新建或扩建。1966年，开设英语专业的大学多达74所。校园里英语专业的学生和老师的数量翻了一番。为确保外语教育七年计划纲要的实施，党中央、国务院批准成立了由国务院直接领导的外语教育规划小组。外语教育规划小组计划外语教育的重大改革，在全国范围内推广外语教育。中共中央外语学校主管部门和各省、市、自治区外语教育主管部门也成立了外语教育管理机构。

全国外语教育座谈会于1978年8月召开。会议提出了《加强外语教育的几点意见》，于1979年3月经国务院批准，由教育部下发全国，要求各地政府和学校结合具体情况研究执行。全国外语教育座谈会的召开具有历史意义。十一届三中全会后提出的《加强外语教育的几点意见》，充分体现了十一届三中全会的精神。特别是在语言布局上要有战略眼光和长远规划。我国不仅要发展英语教育，还要重视日语、德语、法语、俄语等其他通用语言的教育。应规划非通用语言,分发点不应分散;应该逐步开放一些缺少的稀有语言,以满足研究工作的需要。要把俄语教学在外语教育中保持一定的比例,了解苏联是国际斗争的需要,也是学习外国的需要。俄语人才的培养不应中断,而应采取少而精的原则。此后五年,教育部又颁布了几个高等学校外语专业教学计划(草案和教学大纲)。1980年,成立了高等学校外语专业教材编审委员会,作为教育部外语教材和教学的专业指导和咨询机构。

2. 外语专业的快速发展

20世纪90年代中期以来,我国高校的外语专业发展迅速。十一届三中全会给我国的国内形势带来了巨大变化。十一届三中全会恢复了实事求是的思想路线,确立了改革开放的基本国策,把党的工作重点从阶级斗争转移到经济建设上来。实行对外开放,创造和发展良好的国际环境,进行国内改革,使我国国情发生了翻天覆地的变化,对外语教育的发展提出了新的要求。

国际形势的发展促使我国及时调整外交政策。第一,反对霸权主义和强权政治,维护世界和平,是我国对外政策的基本方针和首要任务;第二,奉行独立自主的和平外交政策。这两项原则是新时期我国独立自主外交政策的具体体现。与此同时,经济和社会形势发生了巨大变化。在相对低下的生产力和近乎单一的公有制基础上的改革开放,给我国经济带来了翻天覆地的变化。我国经济正在向外扩张,逐步融入全球格局,成为全球经济的一部分。改革开放时期,我国高等外语教学蓬勃发展。从20世纪70年代末到20世纪80年代初,是我国高等外语教学的恢复期。从20世纪80年代中期到20世纪90年代末,外语教学处于多元化发展阶段,发展速度加快,在培养模式、学科结构、培养水平等诸多方面都取得了很大进步。20世纪90年代末,外语教学由扩大型向内涵型转变,更适应了我国从人力资源大国向人力资源强国的转变。

近几十年来,我国在外语教学方面取得了令人瞩目的成就。我国的外语教学成功培养了数百万英语人才。据高等学校外语专业教学指导委员会英语专业教学指导分委员会不完全统计,全国有近千家英语教学中心。改革开放后,特别是1992年以来,外语专业的招生人数年均增长7.9 %。截至1996年底,我国约有75 500个外语专业,其中英语专业55 899个。随后几年,英语专业招生规模大幅扩大。2003年本科招生87 808人,2004年本科招生102 388人,居各专业之首。此外,近几十年来,英语学科蓬勃发展,我国英语语言文学研究与时俱进,取得了令人瞩目的成就。英语专业硕士点增至200多个,英语语言文学专业博士点大幅增加。这些学科的发展不仅提高了英语学科的水平,更重要的是为英语专业的本科教育搭建了一个更高更好的平台,为英语专业的进一步发展提供了有力的支持。

为了保证教学质量,教育部制定并不断完善外语教学政策,通过评估方法推动政策的实施,特别是各级课程的制定和实施过程中的不断调整,以培养国民经济和社会发展及国际形势的快速变化所急需的英语人才。对教育质量的监控正变得越来越多样化和科学化,通过对教学过程的绩效评估和动态评估来监控不同的教学情境,英语课程的教学过程实施了多维监控和质量管理。1998年,教育部批准下发了高等学校外语专业教学指导委员会起草的《关于外语专业面向21世纪本科教育改革的若干意见》,并制定了新的《高等学校英语专业英语教学大纲》。

英语专业四、八级考试和教学评估体系是为了监控我国英语专业本科教学质量而建立的。英语专业四年教学按学期自然分为八个级别,在本科教育中后期进行测试,即现在的大学英语专业四、八级。这两项考试分别于1990年和1991年正式启动。所有英语专业的学生都必须参加英语专业四级考试。值得注意的是,"高等学校外语专业教材编审委员会"(即高等学校外语专业教学指导委员会的前身)最先启动考试,1992年后又制定并公布了英语专业四、八级考试大纲。1996年,大学英语四级口试在南京大学外国语学院进行。2003年,由于1998年版教学大纲的实施,英语专业四、八级考试大纲进行了修订,主要是测试学生应用英语的能力,并增加了新的测试项目。近年来,英语专业四、八级考试的科学性在社会上赢得了良好的信誉度。作为学生的学业考试,英语专业四、八级考试对英语专业学生起到了严格的规范作用。

2005年，教育部印发《关于进一步加强高等学校本科教学工作的若干意见》，指出要"加强高等学校教学工作评估，完善教学质量保障体系"，强调"必须坚持科学发展观，实现高等教育工作重心的转移，在规模持续发展规模的同时，把提高质量放在更加突出的位置"。为贯彻教育部"大力加强教学工作，切实提高教学质量"的精神，教育部在部分高校开展了本科教学综合评估，开展了部分学科专业的教学评估。在高等教育部的领导下，高等学校外语专业教学指导委员会已经启动了高等学校外语专业本科教学评估的准备工作制定了《高等学校外语专业本科教学评估方案（试行）》（以下简称《方案》）。《方案》提出了一个明确的指标体系，并量化了本科英语教学的五个主要方面。本次评估旨在将英语教学监控有效落实到教学过程中，进一步促进英语专业建设，有效深化我国英语教学改革，在加强英语教学各环节问题的同时，确保宏观管理和质量控制。2004年，教育部对四所大学进行了试点评估，拉开了本科英语教学评估的序幕[20]。

专业英语评估有五个主要指标，即学科规划、师资、教材、教学内容和管理、教学效果。其中，学科规划的重点是学科定位、特色和发展目标，旨在调查学校是否对学科发展有具体的规划和特色定位。师资主要关注教师的基本情况、教师的整体结构、全职教师的教学和科研能力。教学内容和管理主要从课程设置、课程建设、课外活动和质量控制等方面进行考察。教学效果主要包括学生的基本听、说、读、写、译技能是否符合课程要求；学生是否对外语技能有广泛的了解；学生的创新能力，尤其是参与相关活动并独立撰写学士学位论文的素质；学生综合素质（包括学生思想道德修养和心理素质）；与本专业相关的知识（尤其是一些复合专业的知识）；与本专业有关的社会实践活动；过去三年学生的就业率及用人单位对毕业生的评估。

2004年，教育部对我国四所大学进行了一次试点评估，以调查我国学生英语教学的总体情况。这次评估得到了被评估大学校长的高度赞扬。按照"建设与评价相结合"的原则，开展了大量的改革与评价工作。评估结果表明，高校英语专业本科教学取得了良好的效果，但仍存在许多问题。

例如，学科的内涵、学科发展的标志、主要英语课程（语言和文学）的方向都不是很明确，制定的学科规划不符合学校的层级定位或学校的基本规律。外语教学缺乏学科发展的实际规划；在教学实践中，师资队伍有待提高，课程设置不合理，专业课程和课时不足，教学管理混乱，质量意识不强，教学环节质量控制不严；在教学质量方面，学生的听、说、读、写、译基础知识不够扎实，工作质量和教师指导也不理想；在硬件建设方面，教材投资（如教学楼翻修和图书材料投资）并不理想[39]。

二、外语教育政策的文本分析

我国英语专业第一版教学大纲的制定经历了一个漫长的过程。《高等学校英语专业基础阶段英语教学大纲》的编制始于1984年，由教育部英语编辑组编制，1987年完成，经当时的国家教育委员会批准，并于1989年正式出版。《高等学校英语专业高年级英语教学大纲（试行本）》于1988年制定，1989年完成，1990年正式出版实施。随着我国经济改革的快速发展，为了更好地满足社会各界对英语人才的需求，教育部批准了《关于外语专业面向21世纪本科教育改革的若干意见》（1998年）。在此基础上，通过多方努力和专家研究，于2000年制定并正式出版实施了《高等学校英语专业英语教学大纲》。

1996年6月，高等学校外语专业教学指导委员会（以下简称"外语教学委员会"）确立了"21世纪外语专业教学内容和课程体系改革"项目，对我国英语专业教学进行广泛研究，探索英语专业教学改革思路。1997年，外语教学委员会对新形势下外语人才即"复合型人才"的定位和标准进行了探讨，并以《关于外语专业本科教育改革的若干意见》为题向教育部提交了报告。为了适应21世纪外语人才培养的需要，外语教学委员会制定了英语课程的课程教学大纲。高等学校英语专业高年级英语教学大纲（以下简称"课程"）规定了英语专业的教育目标为"本科英语课程必须培养由英语构成的、英语扎实的人才"。他们应具备基本的语言和广泛的文化知识，能够胜任外事、教育、工商、文化、科技、军事等部门的英语翻译、教学、管理和研究国际知识经济等工作。我国高校英语课程应以专业知识为前提，培养基础扎实、知识面广、技能强、素质高的人才，拓展其人文知识及相关专业知识，培养获取知识的能力、独立思考能力、创新能力和思想道德素质，提高文化心理素质。该大纲建立了由专业英语课程和相应的专业知识课程组成的三元课程体系。根据课程定义，英语水平包括英语语言、文学和文化，分为必修课和选修课。该大纲对英语课程的知识结构有两个要求：必须有扎实的英语基础和广泛的文化知识。该大纲中将英语专业课程定义为"英语语言、文学和文化课程"。

2000年版《高等学校英语专业英语教学大纲》提出了21世纪英语专业的基本要求，即扎实的基础知识、广博的知识、一定的相关专业技能、较强的技能和较高的素质。从教学大纲的角度来看，英语学士学位的年数仍然是四年。根据英语教学大纲教学规则，四年的教学过程仍然分为两个阶段：基础实习（第一学期和第二学期）和高级实习（初级和高级实习）。不同之处在于，四年制教学过程被视为一个整体，不再分为两个独立的阶段。这两个步骤对课程设计的关注程度不同，并始终注重英语基础知识。基础实习的主要任务是"传授英语基础知识，培养学生全面严谨的基本技能，培养学生的语言实践能力、良好的学习风格和正确的学习方法，为进入高级阶段奠定坚实的专业基础"。更高层次的教学任务主要是"继续做好基本语言技能，学习专业英语知识及相关专业知识，进一步扩大知识面，提高对文化差异的敏感性，提高英语的综合交际能力"[54]。

为了培养复合型人才，2000年版教学大纲将四年制专业英语课程分为三个模块：英语专业技能课程、英语专业知识课程和相关学科知识课程。英语专业技能课程是一门以基础英语听、说、读、写、译为主要内容的综合性、个性化的英语培训课程，旨在培养学生的基本语言技能和语言应用技能。英语专业知识课程涉及英语专业学生的语言、文学和文化。与过去相比，它扩展了新兴社会、文化和学科的相关知识。相关学科知识课程是指与英语课程相关的其他专业知识课程。开设各种专业知识课程是提高外语技能的重要组成部分。这些课程的目的是让学生熟悉相关的专业知识。

此外，2000年版教学大纲明确指出："改革课程体系和课程结构是外语教学改革的重点和难点。我们需要根据21世纪外语人才的需求、21世纪外语人才的培养目标和多语种教育体系，设计新的教学内容和课程。它为课程建设提供了一定的发展空间，鼓励学校根据自身教育资源的优势和特点，调整和改革课程，培养高素质的学生，以满足当地经济发展的需要。关于不同模块课程的教学，课程预计四年内的英语课程必须占总课程的50％以上。学校可根据教育目标、学校功能特点和具体情况，组织选修专业英语课程和相关专业技能。"2000年版教学大纲规定，每所学校在四年内开设的英语课程总学时不得少于2 000学时，并列出了推荐的班级分配表和主要英语课程的班级分配表，以确保在培养学生基本英语技能的过程中，可以拓宽学生的知识面，传播相关专业知识。与以前的教学大纲相比，2000年版教学大纲的课程框架发生了变化，课程的学科和类型更加多样化，这可能反映了一种强大的跨学科关系。此外，该课程为外语技能的培养提供了一个功能框架，并为各大学的课程预留了一些空间。

近十年来，在《2000年版教学大纲纲要》的指导下，全国高校英语专业知识课程建设取得了很大进展。我国的外国语院校已经建立了自己独特的、区域性的英语专业人才培养模式和课程体系，大部分大学英语课程都开设了五门必修课，包括语言学概论、英国文学、美国文学、学术论文写作、概述英语国家和14门专业选修课中的大部分。重点大学英语专业的结构，尤其是国家重点学科（如北京大学、北京外国语大学、上海外国语大学、广东外国语大学和南京大学）的专业知识课程，实际上在不同程度上超过了《2000年版教学大纲纲要》的基本要求[58]。天津外国语大学、西安外国语大学、四川外国语大学、大连外国语大学等都有商科、法学、教育学等应用型专业，形成比较完整的课程体系。然而，英语专业的专业知识课程建设在全国范围内并不均衡。很多大学英语专业都安排了教学大纲规定的专业知识课，但师资和教学质量无法保证。似乎2000年版教学大纲没有充分描述英语专业本身的学科内涵，具体课程也未能充分体现培养目标，学科的深度和系统性明显不足。

一般来说，很少有学生能轻易胜任外交、教育、商业、文化、科技、军事等领域的工作。要想胜任翻译、教学、管理和研究工作，需要很长时间才能获得实践经验。因此，培养复合型人才的概念基本上仍被概括为"学校"人才的一种形式。为了实现这一模糊的教育目标，高校开设英语外贸、英语金融、英语旅游、英语科学、英语医学等相关专业课程。这种做法的直接结果是，英语专业学生参加了这些课程，但由于精力和教师水平有限，他们只能获得肤浅的理解，不能真正掌握相关的专业知识，更谈不上应用专业知识。为了实现这一目标，他们厌倦了与这些选修课打交道，忽视了语言最基本的特征和工具性，对专业术语、文本和相关理论的含义没有深刻的理解，导致英语语言技能和专业知识相对缺乏，跨专业知识浅薄。此外，《2000年版教学大纲纲要》的设计偏重人文，缺乏社会科学，专业跨度不够，将英语专业的课程设置局限于语言、文学、文化，缺少社会科学的课程设置。这不利于整体发展和关键人才的培养。研究方法课程没有得到应有的重视。在2000年版教学大纲中，介绍一般研究规范的学术论文写作被确定为专业知识的必修课，但没有与专业相关的研究方法的课程。总的来说，2000年版教学大纲较好地适应了新世纪以来我国英语专业的教学需要，对学科发展起到了规范和指导作用。还明确提到学校可以根据具体情况调整课程设置[58]。随着英语专业的发展和社会对人才需求的变化，高校应根据自身情况积极完善现行课程体系。

三、复合型人才培养模式之争

培养复合型人才的尝试是从一些外国语学院开始的。从1983年开始，上海外国语大学设置了9个复合型专业，包括新闻学、国际经济与贸易、工商管理、对外汉语教学、教育技术学、会计学、金融学、法学、广告学；同时，北京外国语大学开设英美文学、语言学、国际新闻、外贸翻译、国际文化交流、英法双语等学士学位课程。1992年以来，西安外国语大学开设了国际金融、国际经济合作、外交学和国际贸易等英语专业课程。这种类型的教学最初是由一些外语学校引入的，目的是试图改变外语学校单一学科的缺点。其初衷是利用外语拓展相关人文学科，逐步成为一所多学科学校。20世纪90年代是培养复合型人才最热门的时期，也是教育改革最重要的阶段。1996年，李岚清副总理在广东外语外贸大学考察期间，就培养外语复合型人才发表了重要讲话，"我们的方向和目标非常明确，即培养懂专业和外语的高层次人才。"

2000年颁布的《高等学校英语专业英语教学大纲》（以下简称《大纲》）明确规定了英语专业的教育目标："高等学校英语专业培养具有扎实的英语语言基础和广博的文化知识并能熟练运用英语在外事、教育、管理、研究等工作的复合型英语人才。"根据该《大纲》，英语课程分为专业技能课程和专业知识课程（文学、语言学、文化、国情）及相关专业知识，从新闻到金融再到外交和国际关系。《大纲》充分体现了英语课程的课程定位，即英语课程必须由专业组成。最新的高等教育《大纲》提出的教育目标从"高级英语人才"向"复合型英语人才"的转变，意味着英语职业培训的重点已经从高等教育转移到专业水平。《大纲》颁布实施后，英语复合型人才的培养迅速成为我国英语专业学生的热门话题。与此同时，关于英语复合型人才的培养也展开了热烈的讨论。

1. 培养复合型英语人才的理念

长期以来，高校英语专业实施独特的学科培养模式"学术型"，追求"高""精""尖"，强调专业学科的系统性和完整性。加强对研究和学术型人才的培养。非英语考生不招收，知识内容和结构独特，教材陈旧，教学模式单一。语言训练非常强调模仿和记忆，忽视了学生思考、创新、分析和解决问题的能力。根据这种传统模式，英语专业学生的就业需求下降，社会经济适应能力降低。他们的专业技能和综合素质受到各种非英语课程的挑战，他们的英语水平也在日益提高。鉴于此，许多外语界专家认为，英语专业应以市场需求为导向，根据自身实际情况确定复合型应用英语专业的培养标准和教学模式。培养复合型英语人才的原因之一是培养适应经济社会发展要求的复合型英语人才。随着21世纪的到来，现有英语专业培养模式的问题越来越明显。以语言文学知识为中心的单科教学模式已经不能满足快速发展的社会的需要。全球经济一体化和社会信息化已成为当今世界的显著特征。随着科学技术的飞速发展，知识经济初具规模，交叉学科和边缘学科不断涌现，人文科学和自然科学及中外文化思潮相互渗透、交流、碰撞和融合，社会市场对人才的需求正逐步从"工作稳定性"向"工作适应性"转变。形势的变化和发展对英语专业的培养目标、标准和教学模式提出了新的要求。

21世纪是知识经济时代。经济增长的基础不是自然，而是知识和技术。换句话说，决定未来经济发展的不是对自然资源的控制，而是知识和科学的发展水平。知识是未来发展的决定性因素，拥有知识和技术的人才是最重要的资源。如何使英语课程的人文知识成为推动生产力发展的动力，尽可能地满足经济社会发展的需要，这似乎是英语教育改革面临的问题。众多学者致力于英语教育，并为英语课程寻找解决方案，以适应社会发展和满足社会需求。不同经济部门之间的分工、一体化和合作正在迅速变化。信息资源的互联互通，信息处理的便利性和信息传播的高速性使人们无法尊重规则，无法适应瞬息万变的形势。人们普遍认为，英语课程"千人千面"和"多年不变"的教学模式应该改革，否则很难适应社会经济的快速发展。英语与专业复合型人才培养模式，即英语人才与其他相关课程相结合的培养模式，有助于进一步提高英语课程的适应性和竞争力。

培养复合型英语人才的第二个原因是顺应了高等教育大众化的发展趋势。国际上普遍认为，高等教育的发展可以分为三个阶段：毛入学率低于15%时的精英教育阶段；15%~50%是大众化阶段；50%以上是普及化阶段。我国高等教育毛入学率1978年为1.4%，1988年为3.7%，1999年为10.5%，2005年超过15%，这意味着我国高等教育进入了大众化阶段。高等教育类型和功能实现了多样化，但与精英教育不同，这种多样化不仅包括教育主体和形式的多样化，还包括培养目标的多样化。不同类型和层次的学校对人才培养的标准有不同的要求。它们培养的人才可以是研究型人才、应用型人才、后期操作型人才。随着社会经济的发展,市场对后两类人才的需求将远远大于对研究型人才的需求。英语本科专业作为一个重点的热门专业,应尽快实现多元化,强化培养目标,以适应高等教育大众化的发展趋势。

培养复合型英语人才的第三个原因是复合型英语人才培养符合高等教育发展规律。高等教育是学术教学的重要阶段,对教育和人的知识、技能和素质的发展至关重要。随着人类社会的进步、知识面的扩大和人们对教育期望的提高,高等教育的功能已经扩展到教学、科学研究和社会服务三个方面。例如,英国大学课程必须适应高等教育发展的历史规律,从纯学术到学术和实践,既要注重对学科的研究,维护学科的长远发展,保证和促进国民素质的提高,又要注重培养经济发展和社会实践急需的应用型技术人才。

2. 反对培养复合型英语人才的模式

高校英语专业教学大纲中提出的培养复合型英语人才的模式得到了广泛的支持,但也有一些不同的声音。例如,刘天伦(1996)、王守仁(2001)和刘毅(2000)认为,在英语课程中培养全面的人才往往会削弱普通英语课程中强烈的人文主义倾向,模糊学科的专业界限和属性,专业指导的工具化倾向将变得越来越严重。在"外语工具论"的影响下,外语专业定位于适应社会和市场需求,学科定位被忽视,外语专业概念模糊。在学校管理过程中,外语是技能的同义词。语言文学的地位已成为其他课程的凝聚力。事实上,外语课程在我国教育史上一直是一个重要的独立课程。《普通高等本科专业目录》(1998年)明确规定了外语和文学的地位,并将所有类型的外语课程列为该学科的二级学科。

外语人才的跨学科培训出现了两种趋势。第一,英语专业的跨学科定位导致与英语专业决裂,成为专业或独立学院。基于外语优势的外语学校和大学的特殊结构不再是外语人才讨论的主题。第二,许多大学的英语系仍然保留复合专业,如商务英语、旅游英语、法律英语等。这些专业的教学和研究不能进入相关专业的主流,与专业英语不兼容。外语系将英语课程与商务、法律、新闻等专业相结合,培养复合型英语人才,提高学生的综合素质和就业能力。其初衷是好的,但事实表明,这种模式有其局限性："牺牲"英语课程或相关人文课程不利于培养学生的全面人文素质。这种对英语课程方向的片面理解导致了对英语人才培养目标的偏离。

我国英语专业的跨学科定位经历了中华人民共和国成立初期的英语文学专业、20世纪80年代中期的英语语言文学专业和新世纪的复合型专业三个不同阶段以满足社会经济发展对人才市场的需求。以社会需求为导向的英语课程改革不仅未能从根本上解决英语课程学科建设的问题，还加深了英语课程的工具化倾向。事实上，在培养复合型人才时，关键是要看社会需求与高等教育目标之间的关系。如果将社会需求与现有学校直接联系起来，并根据毕业生的就业情况考虑应该设置哪些课程，一些基本原则将变得显而易见。人们认为高等教育只提供实用的专业技能。这是一种严重的偏见。如果英语课程过于贴近当今社会的需求，就会忽视教育在社会潮流中的主导作用。

复合型培养模式给英语专业教学带来了实用主义，使得语言技能课和专业知识课的比例不合理。在复合型英语人才培养模式的影响下，英语专业面临着许多高校只注重语言技能的培养，而忽视文学、语言学、文化等能提高学生人文素质的课程的问题。因此，英语专业的学生在思想深度、知识结构和分析问题的能力上都相对不足。英语专业以技能为基础的课程体系在一定程度上限制了学生的求知欲，进一步挫伤了他们的学习热情，这一点一直被应试教育所抑制。我们不否认外语是工具性的，但不能把外语等同于工具。此外，复合型英语人才培养模式是否应该写入教学大纲以指导我国英语专业的教学还有待商榷。由于我国幅员辽阔，人口众多，地区差异明显，不同的大学在条件和生源质量上差别很大。许多高校，尤其是一些地方高校，忽视自身实际，盲目跟风，在英语专业课程中增加相关专业知识课程，势必压缩英语专业课时，给学生学习带来困难。但定向课程课时有限，学生很难形成系统完善的知识体系，导致学生语言基础薄弱、语言能力低下，专业化程度低，难以适应经济社会发展的需要。正如胡文忠教授所说，我国英语专业应确立英美文学、语言学和英语国家研究（包括跨文化研究）的主导地位，这在课程建设上则体现为优先安排大纲规定的英语专业技能课程（基础英语、听、说、读、写、译培训课程）和英语专业知识课程（英语语言、文学、文化课程）。

3. 人文常识与复合型英语人才培养模式

回顾过去培养复合型英语人才的实践，一些成功的学生出自一些跨学科能力强的大学。复合型英语人才的培养虽然提高了毕业生在人才市场上的竞争力，但是对英语课程的发展也产生了一些负面影响，如人文学科的缺失、专业配置不足、对人文学科的重视不够等。此外，近年来的大学英语四级考试结果显示，一些学生缺乏基本知识和技能。社会用人单位和部分研究生教学单位都证实了这一问题，即学生的基本英语技能不够扎实，英语系对学生综合技能的培养不够重视，课程中定义的五项技能不够强。外语人才的培养是改革开放、全球经济一体化和外语人才需求变化的结果。它是大学英语课程从单一语言教学到多学科或复合课程的过程。

其实，培养人文英语人才和复合型人才并不矛盾。英语语言文学专业自然是和其他社会职能分开的。普通英语人才的培养是满足社会发展对人文素质需求的理想模式。那么通用型和复合型外语人才有什么区别呢？通用型英语人才是指具有全面的英语技能、深厚的文化底蕴、渊博的知识、批判性思维和创新能力、强烈的社会责任感，能够快速适应各种工作岗位的人。招生水平高、师资力量雄厚的大学也可以考虑培养精英英语专业人才，为国家提供高素质的翻译、外交、外事和跨文化交际人才及高素质的研究生。他们是具有人文知识的高级复合型英语人才。这类人才培养强调高级应用型人才和社会精英综合发展的人文素质、技能、素养、知识和能力。在课程设置上，培养英语专业技能可以包括英语专业知识、英语应用能力、英语语言技能等；辅助课程应包括理论课程、实践课程和优质教育课程。基础英语、英语听力、英语写作、英美文学、语言学、翻译、英美概况和其他理论课程应形成相对稳定的教学时间表。因此，应从外语专业的内涵出发，探讨实践中复合型英语人才培养方法的差异。

第三章 国际视野下的外语教育政策比较研究

第一节 研究外语教育政策的国际背景

一、全球化现象和趋势

全球化促进了国际教育的繁荣和一些国家外语教学的发展。外语教育政策是国家教育政策的重要组成部分,外语是一种交流、学习和认知的工具,没有这一工具,国家的科学发展和现代化将在一定程度上受到阻碍。在全球经济一体化的今天,外语的重要作用得到了充分体现。外语教育政策的制定必须考虑国家的政治、经济和技术发展;同时,必须从全球化的角度来看待国家的发展。全球化意味着世界各地的人们交流更加紧密和广泛深入,而这种交流最重要的工具是使用的语言,包括母语和外语。

全球化是指人类社会发展的现象过程。一般来说,全球化是指世界各国之间的联系日益紧密,人类生活在全球范围内发展,全球意识的兴起,促使各国在政治、经济、贸易等方面的相互依存。全球化可以形象地解释为世界的压缩。20世纪90年代以来,随着全球化对各国政治和经济的影响,全球化现象引起了专家学者的关注。全球化影响着每个国家的经济、政治、文化等领域的发展。全球化在经济层面最突出的现象表现为:国际贸易关系的变化(如一些主张低关税的世界和区域贸易组织的出现);银行信用体系的变化(比如像Visa这样真正可以在全球范围内进行货币兑换和资金移动的全球信用体系的出现);国际货币基金组织和世界银行等国际支付机构的出现;后工业化的生产要素变化(如知识经济、服务业、旅

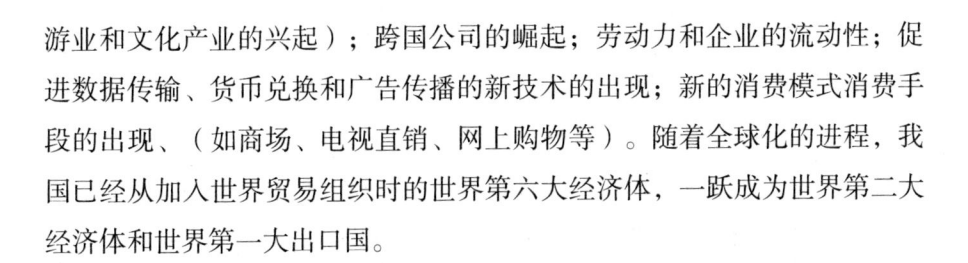

游业和文化产业的兴起）；跨国公司的崛起；劳动力和企业的流动性；促进数据传输、货币兑换和广告传播的新技术的出现；新的消费模式消费手段的出现、（如商场、电视直销、网上购物等）。随着全球化的进程，我国已经从加入世界贸易组织时的世界第六大经济体，一跃成为世界第二大经济体和世界第一大出口国。

二、全球化与外语教育

全球化对教育产生了深远的影响，这主要体现在三个方面：经济、政治和文化。在经济层面，经济全球化对人才培养提出了更高的要求。随着国内外人才技术市场新的工作环境的到来，学校教育需要重新思考其使命。学校应该为满足国家和市场需求而培养人才。在政治层面，面对世界各国和地区人民对和平的渴望，地方冲突、领土冲突、反恐斗争和环境问题日益突出。然而，负责解决这些问题的全球或地区政治机构却无能为力。学校不仅应该为学生传授知识和技能，还应该培养他们的"全球公民身份"。在文化层面上，在西方文化的影响下，保护世界文化的多样性是我们必须反思的问题。如何让学生与不同政治和宗教信仰的人相处；如何让学生处理国家间的冲突。这些都是全球化对文化和教育的挑战。

随着经济全球化和互联网的普及，英语已经成为世界上非英语国家的第一外语。世界语言生态开始经历革命性的变化，英语已经成为一种真正意义上的国际语言。随着全球化、经济一体化和现代社会生活的信息化、数字化，英语作为一种国际语言变得越来越重要。作为世界上最重要的信息来源之一，英语已经成为人类生活各个领域中使用最广泛的语言。在许多非英语国家发展基础教育的战略中，英语教学不仅被视为主要外语教学，而且被视为公民素质教育的重要组成部分。非英语国家人民学习英语的热情是对全球化发展趋势的积极回应。尽管有些人怀疑全球英语学习的合理性，认为投入与产出不成正比，但在全球化趋势减弱之前，全球英语学习的增长将继续。

到20世纪末，英语已经成为70多个国家的官方语言和100多个国家的首选外语。世界上有超过10亿人能说一口流利合理的英语（王军举，2003）。目前，世界上80%以上的经济贸易、政府往来、商业文件、学术文章、运输和旅游及科学界的国际论坛几乎都使用英语。英语不再是英语国家的私有财产，英语的绝对标准可能不再是英国和美国的绝对原则。除了英国英语、美国英语和澳大利亚英语，现在还有新加坡英语、印度英语、尼日利亚英语和菲律宾英语的几种变体。一些学者甚至提出中式英语，即在发音和词汇上具有中国特色的英语，可以用来表达中国特有的东西。英语的多元化发展表明英语在全球化时代得到了广泛的应用。中国人学英语不仅是为了和欧美人交流，也是为了和世界各地的人交流。在中国，对外语教育的重视与中国社会经济发展的需要和国际地位的提高密切相关。中国从"本土国家"向"国际国家"的转变，逐渐提出了许多新的外语需求，外语教育的普及程度和水平也逐渐提高。如果说过去的外语教育只是为了学习一些西方先进的科学技术或者仅仅是为了与外国人交流，那么今天的外语教育就有了更深层次的意义。作为一个开放和负责任的国家，中国不仅要实现自身的发展和繁荣，还要积极参与全球治理，在世界和人类的共同事务中发挥作用。这一新视角对外语教育政策研究提出了新的要求。

从全球经济一体化和主要国家参与国际治理的角度来看，我国也应该清楚地认识到，今天的外语教育不再是一门语言教学学科，而是体现了时代的需要和国家的开放包容及经济和社会发展水平。一个国家外语的普及程度往往反映了该国公民的国际意识和国家的国际化程度，预示着该国未来的发展前景。因此，外语教育的本质是现代教育，是培养国际公民的要素之一。这些素质反映了一个国家的软实力[54]。我国正处于社会经济转型阶段，市场功能不断延伸。与国外经济严重下滑的现象相比，我国经济总体发展平稳，对外发展仍有潜力。需要大量具有高外语技能的专业人才加入全球市场。此外，机构改革继续创造新的价值。通过外语将诚信、创新等市场价值观引入西方市场，也有助于我国社会的健康发展。

三、全球化与外语教育政策的制定

政策是一个国家或政党在一定历史时期为实现其路线而制定的行为准则。外语教育政策是一个国家教育政策的重要组成部分。[54]社会、政治和经济的发展促进了外语教育政策和研究的发展。科学合理的外语教育政策反过来促进社会经济发展，形成良性循环。近年来，在全球化的影响下，世界各国都非常重视外语教育政策。发达国家甚至许多发展中国家，都把外语作为提高国际竞争力、适应全球经济发展、增强国际意识的重要工具。他们制定或修改了自己的外语教育政策和计划。世界范围内外语教育政策的调整及随之而来的外语教育改革引起了国内学者的关注[54]。

"政治和战略是党的生命。"科学合理的外语教学政策对国家稳定、民族团结，特别是社会经济发展具有重要意义。外语教育政策的制定直接影响外语教学。如果外语教育政策不平衡，势必导致外语教学规划不足，在课程设计、教材编写和课堂教学实践中出现自上而下的错误。多年来，国家对外语教学既没有长期的总体目标，也没有短期的操作目标。因此，外语教育政策的制定和调整是盲目的。

外语教学的政治资源有限。教育部门不仅必须支付实际成本，还必须支付实施不应该实施的措施的机会成本。中华人民共和国成立以来，外语教育政策的失误严重影响了外语人才的培养。外语教育政策中的错误不可避免地会对社会和经济发展产生负面影响。改革开放以来，外语教育政策的制定和实施开始走上了正常道路。为了避免我国外语教育出现偏差，需要借鉴国外特别是发达国家的经验。科学合理地制定外语教育政策，关系到一个国家的政治、经济、科技发展，关系到国家安全、民族尊严、文化遗产、国家软实力乃至国民素质的整体提高。外语教育政策指导外语教学实践，外语教育政策的研究和制定对当前我国外语教育和教学实践具有重要的指导作用。更合理的外语教育政策能够促进当前外语教学改革和我国外语教师的定位。从长远来看，外语教学政策将对社会和经济稳定产生积极影响。全球化给外语教育政策的制定带来了两个新的挑战：一是充分发挥英语作为"交流工具"的作用；第二，外语教学不能仅仅基于工具主义。

　　为了更好地把外语当作一种工具，我们必须拓展外语教育的领域，如双语教学、ESP教学、英语跨学科人才的专业培养等。长期以来，我国外语教学存在高投入、低产出的现象。双语教学是改变这种现象的一种尝试。但是，双语教育应该在条件成熟的地区进行，如我国沿海的大中城市。ESP教学指的是专门用途英语教学，也被称为专业英语教学，如商务英语、工程英语、旅游英语、医学英语。ESP教学的基础是检查学生的具体学习目标和目标工作场所对语言技能的实际需求。它的目标是满足不同学生学习和使用英语的需要。ESP教学的兴起与全球化和计算机化密切相关。英语已成为世界通用语言，广泛应用于商业、科技、通信、航空、航海、旅游、体育等领域。为此，专业英语课程已在我国沿海地区全面开展。众多学者对课程设计、教材选择、评估和考试、词汇教学、阅读和写作课程进行了专门研究，并出版了许多专著。

　　外语课程不仅要培养语言文学人才，还要培养与经贸有关的复合型外语人才。21世纪初，教育部明确强调了促进复合型人才培养的目标。笔者也在前文中就外语课程中复合型人才的培养模式、课程设置、教学方法、质量评价等方面进行了探讨。在研究中，一些学者有不同的观点：复合型英语人才的培养主要是由社会和市场需求驱动的，缺乏所需的学术支持，英语课程应该回归"以人为本"。尽管人们对复合型外语人才的培养有不同的看法，但这并不妨碍对复合型外语人才的研究[15]。多学科人才培养是全球化背景下应对非英语国家人才培养的一种方式。顺应形势发展的要求，获得市场的认可，仍然是外语教学改革的方向。外语是对外交流的工具，但外语教育的目的不仅限于此。现代教育理念注重培养学生的综合素质，使他们具有广博的知识、创造力、适应性和独立性。外语教育也不例外。在全球化背景下，外语教育应注重培养学生的交际能力和文化能力。语言是文化的载体，文化的传递依赖语言。国际交流与沟通不可避免地涉及跨文化因素，培养学生的跨文化交际能力应成为外语教育的重要内容。跨文化交际既是输入也是输出，所以除了学习外国文化，还要学习中华优秀传统文化的精髓。外来文化不仅指英美文化，还包括世界各国的多元文化。

外语教育具有工具性学科和社会性学科的双重特征。外语教育不仅要培养学生的语言文化交际能力，更重要的是要拓展学生的思维方式、重组学生的价值观、重塑学生的人格结构。因此，外语教育不应再局限于工具性学科，而应更加重视语言的人文意义和社会意义。应在外语课程的整合与融合上有所突破，以语言为内容和工具，改变以往强调分割和部分的语言技能培养方式，实现语言能力培养从基础外语到国际人才标准的专业化。在全球经济一体化的背景下，对外语教育政策的研究有利于我国制定更加合理的外语教育政策，有利于当前的外语教学改革，有利于国家软实力的提升，国家的社会经济发展最终也会从中受益。外语教育政策的研究从默默无闻到备受关注，说明人们对外语教育的重视。未来，随着我国外语教育政策研究的不断深入，外语教育政策的研究视角和水平将更加丰富多彩，这将为我国建立成熟的外语教育政策研究体系奠定坚实的基础。

四、外语教育政策的国际比较研究及其启示

政治是一个国家或政党在一定历史时期为执行其路线而制定的行为准则。语言不仅承载和构建着一个国家和民族的文化，象征着一个国家和民族的社会、历史和文化，而且在一个国家的政治地位和经济发展中发挥着重要作用，因此制定有效的、长期的语言策略非常重要。外语教育政策具有语言与教育的双重身份，它不仅决定一个国家外语教学的整体状况，而且反映了外语教学与社会发展的互助关系。发达国家在世界政治和经济生活中发挥着重要作用。外语教学是其经济发展的重要基石。我国可以借鉴发达国家制定外语教育政策的经验。

（一）发达国家外语教育政策的比较

语言政策不仅是国家政府的行为，也是政府干预语言使用的最重要手段。语言政策对国家安全稳定、货币流通、经济政治发展具有重要影响。随

着全球化的迅速发展，世界各国都认识到了语言政策的重要性。例如，在全球经济一体化的进程中，英国人感受到了外语教学的危机。英国教育部曾发表了一份关于英国外语教学现状和前景的研究报告——《下一代的语言》，并对外语的发展提出了一些建议。有两条重要建议：一是重视儿童外语教学，提高中学外语教学水平；二是外语必须成为大学的必修课，成为某些职业的必要先决条件。报告还认为，政府应承担起战略发展高峰的责任，将外语学习转变为终身教育，认真培养外语人才，以适应时代变化的需要。近年来，英国增加了对外语教学的投资。加强了学校和企业之间的联系。为了确保外语教学质量，英国调整了教师培训计划，并重视在职培训在提高教师教学水平方面的重要作用。20世纪90年代以来，新的教师评价政策的实施鼓励了外语教师的专业发展，确保了外语教师积极参与课程和管理改革。

1958年，美国颁布了《国防教育法》，推动了小学、中学和大学的外语教学。1968年，美国为应对移民的涌入，颁布了《双语教育法》。1984年，美国将《双语教育法》延长至1988年。这一时期的《双语教育法》使双语教育正式成为美国教育政策的重要组成部分，从而使为少数种族学生争取平等教育机会的运动成为一项义务教育政策。[54] 1994年，美国教育部开始将外语作为核心课程纳入《2000年教育目标：美国教育法案》，旨在培养外语人才。2006年，美国政府发布的"国家安全语言计划"旨在从幼儿园到大学，再到社会开展外语教育，以提高国家安全，促进社会经济发展，继续保持美国在世界的地位。

作为欧洲一体化进程中的先驱，法国外语教学政策引起了广泛关注。20世纪70年代以来，随着全球化的发展，外语教学在法国得到了重视和普及。法国教育部就外语教学的多样化提出了建议。主要政策法规如下：第一，确保语言多样性；第二，确保教育效果（戴冬梅，2010）。该政策要求高中生至少学习两门外语，并促进第三语言的学习。法国是欧洲外语教学推荐语言最多的国家之一。2005年以来，《欧洲语言共同参考框架：学习、教学、评估》正式成为法国外语教学的参考体系和衡量标准。根据该框架，法语外语教学侧重于听、说、读、写和教学，而基础教育侧重于口语练习。法国教育部还认为，文化是语言学习的重要切入点，是不可或缺的。

20世纪90年代，德国率先改革国家小学的外语教学。在此期间，鼓励投资外语教学，以降低非英语学生的年龄。21世纪初，欧盟委员会出版了《欧洲语言共同参考框架：学习、教学、评估》《里斯本战略》《外语语言学习和语言多样性行动计划》等，在制定和调整德国外语教育政策方面发挥了重要作用。在外语教育政策的指导下，德国外语教育改革基本完成了三项任务：关注学生成长，关注外语教学目标；总结研究双语教育的特点；引入灵活的外语教师管理系统。德国外语教育政策的发展必须适应社会的发展。例如，德国双语教育的建立主要考虑了法德伙伴关系和政治经济的需要。后来，德语双语课程成为主流，主要是因为英语作为国际语言的地位。

澳大利亚也是一个英语国家，深知外语学习对国家发展的重要性。1987年澳大利亚政府颁布的国家语言政策是迄今为止澳大利亚最具影响力的语言教育政策。这项政策促进了多元社会的发展，并积极支持了几项创新的语言教学。在此基础上，澳大利亚政府于1991年发表了一份关于语言政策的白皮书，随后发表了《亚洲语言发展战略》和《非英语教育宣言》，重申澳大利亚国民应提高英语技能，提高语言意识，确保澳大利亚未来在世界上的经济地位。[54]白皮书确定了包括汉语在内的14种主要语言，各省的学校都可以从中选择澳大利亚的外语教学政策是一项指导方针，而不是一项义务。需要指出的是不同国家实施的具体政策和措施都确保了外语教育政策的一致性。澳大利亚非常重视对亚洲国家的语言教学，主要是出于经济和地理原因。

新加坡是一个多语种的国家，有四种官方语言：英语、汉语、马来语和泰米尔语。马来语是母语，以英语为母语的人不多。英语被列为官方语言的第一个原因是该国的经济发展：新加坡处于航海和航空的战略中心。英语可以促进新加坡融入国际社会。使用英语作为共同语言也有助于国家结构内的民族交流。英语在新加坡继续占据重要地位的另一个原因是英语的中立性，它具有"工具依赖性"和其他民族语言所缺乏的价值杠杆（建江，2011）。新加坡逐步实施以英语为中心的双语教育政策，利用语言交际工具和文化符号两大功能,强调英语的交际功能和母语的情感功能。

　　日本是一个单一语言国家,但有学习外语的传统,现代日语中的常用词是对古代日本的一门外语(汉语)进行仔细研究的显著成果。明治维新以来,日本的外语教学一直以西方语言为主,尤其是英语。作为一个空间有限的岛国,面对激烈的国际竞争,日本一直存有危机感。外语教学对日本的可持续发展非常重要。20世纪50年代末,日本国立大学教育研究生院开设了英语教育硕士学位,然后在20世纪80年代开设了相关的博士课程。除重视外语教学和研究外,日本还引进了外国教师,并加强了对当地教师的培训。2003—2008年,日本在全国范围内对6万名英语教师进行了强化培训。近年来,随着全球经济一体化的到来,日本的外语教学与国际化理念相联系,强调外语学习与外国文化的关系。2002年4月,日本文部科学省在《高中英语学习指南》中提出了国际理解和国际交流的概念。

　　2006年以来,韩国的外语教学一直在不断推进。全国50所小学的1年级和2年级开设英语课程,每周平均授课1小时。韩国也将逐步在全国范围内实施英语教学,每班学生人数限制在15人。为了实现外语教学的国际化,韩国近年来引进了大量外籍教师。2006年,韩国政府正式聘用了3 350名外籍教师。韩国还通过在居民区建立沉浸式英语学习中心或"英语村",为英语学习者创造了更多接触英语的机会。2008年,韩国政府承诺承担英语教学责任,并努力将校外英语培训费用减半,让所有学生都能在校外培训的情况下掌握英语。[54]

(二)发达国家外语教育政策制定的启示

　　发达国家建立了民主开放的政治制度和完善的教育制度。现代意义上的外语教学的实施和研究起源于西方。西方发达国家在外语教育政策和立法方面积累了丰富的经验。特别是全球化背景下外语教育政策制定和实施的措施和变化,如外语教学长期发展战略的制定,重视和加强外语教育政策的制定,加大对外语教学的财政投入,加强教师培训,重视外语教学研究。对这些西方发达国家的经验总结如下:

1. 战略考虑

外语教育政策的制定应考虑国际政治、经济和文化因素；考虑全球化和国家发展的背景；考虑我国国际战略发展的需要。发展外语教育需要长远的战略眼光。

2. 国情考虑

外语教育政策的制定应符合我国国情，即语言、文化和社会的国情。它应符合我国外语教学的特点、教学规律和教学改革的总体规划。应该与青少年的成长相一致。

3. 稳定性考虑

稳定的政策有利于外语教育稳步、健康、有序发展。回顾中华人民共和国成立以来的外语教育历史，外语教学的主要语种在不同时期的外交政策影响下有所波动：先是俄语，再是英语。政治因素在主要外语的选择中起着决定性的作用。

4. 合理性考虑

外语教育政策要治理，就要注重决策过程的科学化和民主化。科学的外语教育政策不可能是闭门造车的产物。外语教育政策的出台要经过广泛调研和反复论证。外语教育的民主化需要教育者的积极参与。为了使外语教育政策更加科学和民主，需要研究一套可行的运行机制。

5. 灵活性考虑

外语教育政策必须及时调整。政策的制定必须跟上形势的变化。顺利有序的外语教育政策并不意味着一成不变。外语教育政策的总方向可能保持不变，但可以对细节进行及时调整。例如，近年来，随着小学英语教学的发展，我国必须根据各地的不同情况发布相应的政策文件，以便更好地指导英语教学。

6. 明确培养重点

当前，我国外语教育和教学应重视外语学习者交际能力的培养。交际能力包括口头和书面能力。基础教育应注重口语交际能力的培养；同时，在外语教学中要让学生感受世界语言和文化的多样性，注重培养学生的国际理解能力。

改革开放以来，英语教育的范围不断扩大。英语教育改革取得了重大的成果。但是，英语教育的现状已经不能满足我国经济建设和社会发展的需要，与时代发展还有差距，特别是英语的适用性不理想。高中英语课程改革的重点是历来重视语法和词汇技能的说明和教育，忽视了对学生实际语言技能的培养。根据学生的学习兴趣、生活经验和认知水平，推荐体验式、实践式、参加式、合作式、交际式学习方法和任务型教育方法，培养学生的综合语言应用技能，使学生形成积极的情感态度、积极的思维、积极的学习态度，在语言学习过程中培养跨文化意识和自主性的勇敢实践。学习英语的过程不仅是学生通过学习英语和实践活动逐步学习英语知识和技能的过程，也是学生提高实际语言应用技能、拓宽视野、拓宽思维、培养个性的过程。

7. 加强外语教师队伍建设

教育的伟大事业是以教师为中心的，它是教师贯彻外语教育政策的保证。为了有效地实施外语教育政策，我国外语教师的培养应重视外语教学方法的研究。我国的外语教师，尤其是高等院校的外语教师，主要是语言学、文学和翻译研究专业的外语教师缺乏专业的岗前培训，所以专业的服务培训很重要。外语教学方法的研究应该是外语教师专业发展的一个重要方向。教师再教育的形式有很多种，包括鼓励教师去国外或国内学习，但更多的可以以校本的形式进行。应合理整合和配置现有教师队伍，优化外语教师队伍结构。

8. 外语教育多样化

英语已经成为国际语言和外语教学的主要语言，但不能把英语教学等同于外语教学。许多非通用语人才也是一个国家的无形资源。非公共语言教学的发展与世界各国的交流与发展息息相关。公共语言的发展可以得到非专业语言市场的支持。外语教学的多样化应该考察我国急需哪些语言，如何分配教师。例如：位于中越边境的广西地区可以提供更多的越南语课程；山东地区可以提供更多的韩国课程；等等。

9. 加强外语教育政策研究

我国对外语教育政策的研究还处于起步阶段，主要表现在研究成果的缺乏和质量的低下。大部分研究内容仍停留在对以前的回顾和感叹中。然而，关于外语教育政策的研究还只是一般性的，很少有人讨论不同国家外语教育政策的机制和过程。尤其是关于外语教育政策的理论研究很少。这不利于我国外语教育政策研究的进一步发展。

总而言之，为了我国社会的可持续发展，外语教育政策研究还有很多工作要做。外语教育政策的制定和实施有赖于社会政策和经济发展，科学合理的外语教育政策反过来又促进社会经济发展，形成良性循环。发达国家外语教学政策的制定和实施为我国提供了有益的参考和借鉴。在全球经济一体化的背景下，外语教育政策研究将有助于我国制定更加合理的外语教育政策。支持当前的外语教学改革。未来，随着我国外语教育政策研究的深入，外语教育政策的研究视角和水平将更加丰富，这将为我国建立成熟的外语教育政策研究体系奠定坚实的基础。

第二节　国内外外语教育政策的比较分析
——以大学外语教育政策为例

一、国内外大学外语教育政策比较

（一）规划主体：指示和指导

我国高校外语教育政策和规划的主体是官方，具有鲜明的自上而下规划的官方色彩。中华人民共和国成立初期，国家教委高等教育司和教育部专门成立的高等学校外语专业教学指导委员会对高校外语教学进行指导。国务院基本授权教育部及其下属部门组织专家讨论审议，教育部就高校具体实施下发正式文件，要求高校师生积极参与实施。我国高校外语教育规划学科突出的官方色彩还体现在国家有关教育部门在各个时期发布的指导高校外语教学的纲领性文件中。这些文件都强制性地从课程对象、课程目的、课程设置、教学方法、课程评价方式等方面对每门语言的教学提出具体要求。在教材方面，所有高校外语教材均由教育部推荐或指定使用。例如，在近几年的大学英语改革新模式试点工作中，参与机构必须从教育部推荐的出版社中选择教材。可见，官方规划在我国高校外语教育政策的制定和实施中发挥着重要作用。

通过对其他国家外语教育政策的分析可以发现，在美国、新加坡、日本等国家的大学外语教育政策的制定和实施中，官方规划也发挥着重要的作用。美国大学外语教育长期落后，直到专家学者对官方规则的积极影响和推动，由美国国会、教育部和官方规划的相关部门，以及职业规划师基金会策划，发布了一系列促进大学外语教育发展的政策和措施，才使得美国大学外语教育得以快速发展，其间经历了一个自下而上的规划过程[51]。在新加坡和日本的大学外语教育政策过程中，相关政府部门（主要是教育部门）作为官方规划的主体发挥着重要作用。这两个国家的主体都比美国更重视地方大学的外语教育，对课程设置和课程评价方式都有具体的要求。但值得注意的是，虽然官方计划的主体直接影响到美国、新加坡和日本的大学外语教育政策，但这三个国家的大学外语教学只有高校自己的教学大纲，没有全国统一的外语教学大纲，没有全国统一的大学外语课程考试，没有全国统一的教材并由教育行政部门指定使用。在这些国家，高等院校有很大的教育自主权，教学目标、教学要求、教学安排、教材的使用和教学方法的采用都由各个学校自主决定，官方发布的政策只能起到推动和促进作用，只是指导性的，而不是强制性的。相比之下，我国官方对大学外语教育的政策更具强制性和计划性。

（二）政策目标：国际化导向和国家安全导向

我国高校外语教育政策和规划的目的首先受到政治因素的极大影响。随着改革开放政策的实施，社会经济和现代化建设的进一步发展，要求大学毕业生使用外语获取专业所需的信息。因此，高校外语教育的方针是培养学生掌握外语，作为学习国外先进科技知识的工具。21世纪以来，随着我国加入世界贸易组织，越来越多的人参与国际事务，对外交流与合作日益扩大。培养符合国际标准的专业人才，提高国家的国际竞争力，促进高等教育国际化,已成为我国当前高校外语教育政策的主要目标。

对新加坡而言,保持经济的可持续发展和在国际竞争中的地位一直是其制定和实施语言教育政策包括外语教育政策的主要动力。因此,21世纪以来,新加坡大学的外语教育政策旨在促进高等教育国际化的进一步发展,培养大学生的全球竞争力,建设国际化、多元化的社会。日本的经济发展需要高素质的劳动力来保持其在全球化世界中的竞争力,日本政府制定了一系列政策和措施来鼓励高校外语教育的发展,把培养国际化人才作为21世纪教育的战略目标[51]。

与中国、新加坡、日本等面临全球经济需求和国际化的国家不同,美国的整体外语教育政策,包括高校外语教育政策,一直以国际化为导向。美国的外语教育政策主要是培养具有外语能力的人才,以确保国家在当今多极化的国际形势下保持军事和外交优势,从而保障国家安全和经济安全,同时减少文化冲突。

(三)语言环境:单一与多样

从中国、美国、新加坡和日本的语言选择来看,中国和日本的大学外语教育的语言规划呈现单一趋势,即以大学英语教学为主。在中国和日本,英语在大学外语教学中所占比例最大,国家对英语教学的重视程度最高,提供的资金支持也最大。除了英语,德语和法语是日本大学的热门外语,大部分大学都开设这两种语言的课程。日本大学还为非语言专业学生开设汉语、韩语、西班牙语和俄语课程。总的来说,中国和日本的大学外语教育主要是大学英语教育,比较单一。而在美国和新加坡,外语教学的选择相对多样化,近年来有扩大外语教学的趋势。美国大学提供十多种语言的课程,包括西班牙语、法语、德语、俄语、意大利语、日语、汉语、韩语、阿拉伯语和葡萄牙语。新加坡一般开设七八门非英语语言课程,有些学校开设的课程多达十二门,其中汉语、法语、德语和日语是所有大学都教授的语言。近年来,一些学校还增加了西班牙语和意大利语。此外,新加坡大学还特别注重周边东南亚国家的语言,如马来语、泰米尔语(印度宪法承认的语言之一)、泰语、越南语、印地语、印尼语等。有些学校甚至开设拉丁语等古典语言的课程。外语的构成呈现出均衡、多样化的发展趋势。

（四）教学目标：大众化和精英化

从教学对象来看，中国和日本的外语教学是面向更大的群体的。在中国，几乎所有非英语专业的本科生和研究生都需要学习英语。除英语作为第二语言（或在少数情况下作为第一语言）外的外语课程主要是为英语专业的本科生和研究生及一些非英语专业的学生开设的。大学英语教学规模最大，教学对象范围最广。在日本，英语等公共外语课程是日本四年制大学通识教育课程的一部分，面向所有非外语专业学生。[51]可见，在中国和日本的大学外语教学中，英语是非常受欢迎的。非英语专业的大学外语教学范围相对狭窄，学生人数远低于大学英语专业的人数。在美国，大学外语教育主要针对母语是英语或第一语言的学生。主要目标是让美国公民除英语外还能掌握一种以上的语言。美国高校的英语教学主要是针对英语母语或非英语母语的学生，让他们尽快融入以英语为教学语言的教学环境，是对外语教育的一种还原。新加坡大学的外语教育和美国类似。大多数学生在入学前英语都很好。新加坡大学的大学英语课程主要面向母语非英语的国际学生，旨在提高所有学生的英语学术写作水平。

（五）教学目标定位：基础知识定位和学术专业定位

长期以来，我国高校的外语教学一直以培养阅读能力、夯实外语教学基础为目标，以学习外语基础知识为导向。随着我国对外交流日益频繁，加强大学毕业生的听说读写能力迫在眉睫。现阶段外语能力不仅是社会的现实需要，也是个人的现实需要。因此，我国高校外语教学的定位已经从阅读能力的培养转变为外语综合应用能力的培养，以培养学生通过外语进行有效的口头和书面信息交流。总的来说，无论是以阅读能力还是以听说能力为主，我国高校外语教学的目标都是提高学生的外语基础知识和技能。日本大学的英语教学定位与我国相似。由于国际竞争日益激烈，为了适应经济技术国际化和信息化的发展，日本政府也将大学英语教学的目标从强调阅读和翻译能力转变为加强听说能力，使日本大学毕业生具备在工作中使用英语的实际能力。可见，我国高校和日本大学的外语教学都是基

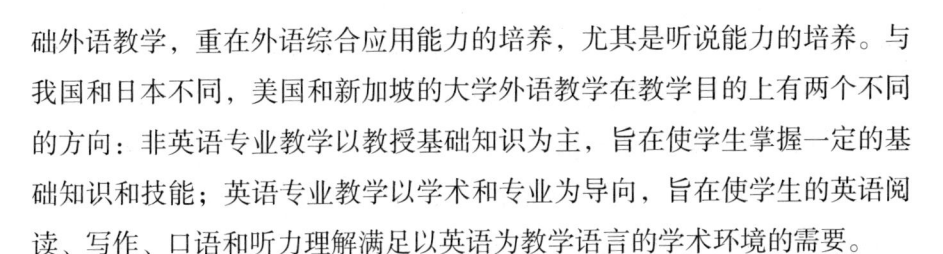

础外语教学，重在外语综合应用能力的培养，尤其是听说能力的培养。与我国和日本不同，美国和新加坡的大学外语教学在教学目的上有两个不同的方向：非英语专业教学以教授基础知识为主，旨在使学生掌握一定的基础知识和技能；英语专业教学以学术和专业为导向，旨在使学生的英语阅读、写作、口语和听力理解满足以英语为教学语言的学术环境的需要。

（六）课程：必修和选修

在我国，大学英语课程可以分为基础阶段和应用阶段。基础阶段的英语课程是4个学期的必修课，每周最少四小时，共280小时。专业英语也是英语课程基础阶段的必修课，开设一学期，每周2小时，累计不少于100小时。高级听、说、写等高级英语课程为选修课，大学英语基础课程16学分，占本科总学分的10%以上。非英语语言课程一般分为第一外语和第二外语。第一外语的教学对象通常是具有一定母语学习基础的非外语专业学生，课程为期两年，学时为240~280小时。第二外语通常是教给已经学过另一门外语（通常是英语）的非外语专业学生，这门语言的学习从零开始，大部分是英语专业，课程为期一年，学时为120~140个小时。目前我国高校的非英语语言课程大多属于后者，是4~8个学分的选修课。日本大学的外语课程和我国的类似。大学英语等语言课程是日本大学通识教育的重要组成部分，是所有学生的必修课。日本大学开设的外语课程虽然不同，但基本都要求学生学习两门外语，所需学分一般占总学分的十分之一以上。日本大学的外语课程，无论是英语还是其他语言，通常每周约两小时，大多数学校学时为60小时。美国的大学外语课程与我国和日本的大学外语课程最大的区别在于没有必修课程体系，大学外语课程在大部分高校都是选修课，通常开设一门或几门。国际学生英语项目并不要求所有的国际学生都要学习。只要英语水平达到学校要求，就可以免修这门课。新加坡大学开设的外语课程和美国的类似。基本上都是公共选修课，一般开设一两个学期，每周两个小时。

（七）教学方法：简单化和多样化

中华人民共和国成立初期，我国高校外语教学长期以来以语法教学为主，课堂教学是以教师为主导，以教为主的教学模式，解释语法和词汇，培养阅读技巧。20世纪80年代以来，语法教学法受到了批评，交际教学法开始流行。教学大纲要求教师培养学生的外语交际能力。然而，传统的语法教学法在高校的非英语语言课程中被广泛使用，传统的以教师为主导的教学模式仍然是主流。目前，我国大学英语教学改革是基于计算机和网络的大规模自主多媒体教学模式，并试图向以学生为中心的模式转变。课程要求还详细说明了具体的教学方法和过程。然而，无论是语言教学法、交际教学法还是利用现代教育技术辅助教学的方法，在每个时期，总有某一种教学方法是流行的，也是相对简单的。与我国的情况类似，日本大学的外语教学，包括大学英语，长期以传统的语法教学法为主，也经历了交际教学法等教学方法的改革。如今，计算机、多媒体等教学技术在日本大学的外语教学中得到了广泛应用，但总的来说，语法教学和交际教学的传统教学模式仍然很受欢迎。

结构主义语法翻译法长期以来一直是美国大学外语教学中的主导教学法。在尝试了听说法、交际法等多种方法后，目前美国高校采用的外语教学方法趋于综合化、多样化，即没有最佳的教学方法，需要最合适的方法或综合的方法才能达到最佳的教学效果。新加坡外语教学的发展基本上跟随了美国外语教学的演变。前期采用语法翻译法，后期采用交际法。21世纪以来，新加坡大学外语教学领域出现了多种教学方法，包括交际法及交际法与早期结构主义教学法的结合。总的趋势是教学方式由以教师为中心向以学生为中心转变，课堂教学形式灵活多变。教师授课通常与小组讨论和自主学习相结合。从上面的分析可以看出，我国和日本的大学外语教学方式都比较单一，而美国和新加坡的大学外语教学方式更加多样和灵活。

（八）课程评估方式：终结性和形成性

我国高校外语课程的评价方式更注重终结性评价，即在完成一段时间的教学任务后，对学生的外语水平进行评定。在我国，由教育部组织的全国大学外语考试是大学外语课程最重要的评估方式。考试合格者将获得完成大学外语基础课程的资格证书。在大学英语课程的评估方式上，日本和我国有相同的统一的国家英语水平考试，即由日本文部科学省批准、日本英语水平考试协会组织的STEP考试。但是，日本没有针对其他语言的外语

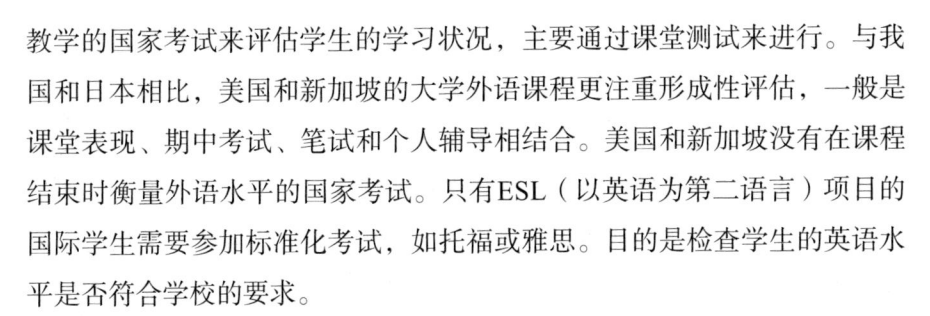

教学的国家考试来评估学生的学习状况，主要通过课堂测试来进行。与我国和日本相比，美国和新加坡的大学外语课程更注重形成性评估，一般是课堂表现、期中考试、笔试和个人辅导相结合。美国和新加坡没有在课程结束时衡量外语水平的国家考试。只有ESL（以英语为第二语言）项目的国际学生需要参加标准化考试，如托福或雅思。目的是检查学生的英语水平是否符合学校的要求。

（九）教师培训：单一背景和多重背景

在学历方面，我国高校外语教师的学历普遍低于美国、新加坡和日本。以最多的大学英语教师为例。2002年的一项调查显示，我国76.7%的大学英语教师只有本科及以下学历，而新加坡、日本等国80%~90%的大学英语教师都有博士学位。近年来，我国高校外语教师的学历水平有了很大提高。但从专业背景来看，大多数外语教师的研究方向是英美文学、翻译或理论语言学，缺乏与应用语言学、二语习得、教育心理学、测试等学科密切相关的课程的专业素养。在外语教学中，外语教师的知识构成相对单一。美国、新加坡、日本的大学外语教师绝大多数是硕士以上学历，专业背景多与语言教学和研究相关。他们大多接受过心理学、教育学、应用语言学等方面的专业培训，知识结构更加多元化。

二、国外大学外语教育政策分析

随着世界经济全球化的快速发展和生产、投资、贸易发展的国际化，世界各国之间的经济联系越来越密切，国家间在政治、文化、科技、军事等方面的交流也越来越密切。随着国家间交流日益频繁，国家间的相互依赖程度和区域一体化趋势日益强烈。在这一趋势下，全球对高素质外语人才的需求日益突出，外语教育政策和计划开始在世界教育体系的各个阶段受到前所未有的重视。此外，外语教育政策也一直是各国语言教育政策的组成部分，其重要性日益凸显。我国对外语人才，尤其是英语沟通能力强的科技人才的需求越来越迫切。21世纪以来，我国投入大量资金进行大学英语教学改革，这也影响了非英语语言的教学。因此，为了科学合理地规划我国的大学外语教育，其他国家，特别是一些发达国家的外语教育政策和英语教育政策可以为我国提供重要的参考。

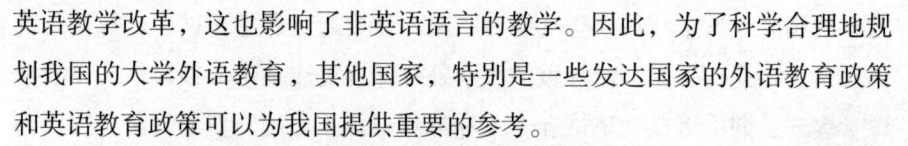

（一）英语教育在语言教育规划中的地位

1985年，《牛津英语词典》主编伯奇菲尔德说，"英语已经成为交流的通用语言，任何受过教育的人如果不懂英语，都是缺乏语言能力的"。21世纪以来，英语在科技、医学、学术研究、科研、书刊、跨国贸易、外交和大众传媒中发挥了重要作用。流行文化、教育制度等成为各方面的主导语言。互联网的出现和普及，进一步加速了英语在全球的传播。"世界上五分之一的人具有一定程度的英语交流能力，世界上三分之二的科学家能够阅读英语，世界上80%的电子信息以英语存储，世界上78%的网站是英语网站。"据统计，80%以上的国际学术期刊是英文的，85%的长途电话和75%的电子邮件是用英文沟通的。根据英国文化协会2019年的统计，全球学习英语的人数已经超过10亿，并且每年将英语作为外语或第二语言学习的人数还将继续增加[39]。显然，英语在国际政治、经济、贸易和信息交流中，以及在各个国家和地区的语言教育政策中一直扮演着重要的角色。外语教育是语言教育规划的重要组成部分。英语在世界上的主导地位使得英语教育成为各国外语教育政策中不可或缺的一部分。例如：瑞典将英语作为学校的三个基本技能科目之一，在课程中仅次于母语；在丹麦，英语是国民教育中极其重要的必修科目；在德国，英语是学校的第一外语。目前我国大学英语教育主要以英语为主，因此研究国外大学英语教育政策，尤其是研究国外大学英语教育政策具有重要的借鉴意义。英语因其不同的交流方式而在不同的国家具有不同的地位，而围绕英语制定和实施的外语教育政策在不同的国家也有所不同，因此对包括英语教育在内的外语教育政策的考察必须基于各国具体的语言环境。

（二）英语的国际传播和各国外语教育项目的不同语言环境

17世纪，英语就开始在世界范围内传播，19世纪，英语已经成为一种在世界范围内被广泛接受的交流工具。19世纪和20世纪，美国人口增长和大规模移民加速了英语的传播，进一步扩大了英语的传播范围。英语国际交流的趋势和规律一直是语言学的重要课题。许多专家学者提出了各种各样的理论，其中最有影响的是彼得·斯特里文思的树形结构理论，卡赫鲁的同心圆理论和菲利普森的核心–外围理论，这些理论将英语国家和地区分为不同的类型。彼得·斯特里文思把英语分为英国英语分支和美国英语分支。英国和美国成为其他英语国家和地区的母国，即英国和非洲、加勒比海、东南亚和澳大利亚的一些国家，以及受美国英语分支影响的国家和地区，这种分类主要基于地理特征。麦克胡尔的轮子理论将英语细分为几十种变体，分布在八个地区：英国、美国、加拿大、加勒比海、非洲、南亚、东亚、新西兰和南太平洋。但是母语为英语的人之间没有明显的区别。

在卡赫鲁最具影响力的英语圈理论中，卡赫鲁最初用三个同心圆来说明英语在全球的传播，并将英语国家和地区分为内圈、外圈、延伸圈三类。后来，卡赫鲁进一步完善了这一理论。第一类国家是把英语作为第一语言的国家。这些国家包括英国、美国、加拿大、澳大利亚和新西兰，它们是"英语语言和传统文化的堡垒"。第二类国家是英语不是母语的国家，但由于历史原因，英语成了它的官方语言或重要的第二语言。这些国家包括印度、新加坡、尼日利亚、菲律宾、孟加拉国、巴基斯坦、马来西亚、坦桑尼亚和肯尼亚，其中许多都是前英国殖民地。第三类国家是英语主要作为外语使用，但在本国使用范围有限，世界上大多数国家和地区都属于这一类，如中国、俄罗斯、日本、韩国和欧洲大多数国家[49]。菲利普森将英语国家和地区分为核心英语国家和外围英语国家。核心英语国家包括英国、美国、加拿大、澳大利亚和新西兰，英语是这些国家大多数人口的母语。外围英语国家有两种。一种叫做ESL，即把英语作为第二语言的国家；另一种叫EFL，即把英语作为外语的国家。传统上，ESL国家指的是那些英语不是母语，但在教育和政府中被广泛用作交流媒介的国家，如印度、尼日利亚和新加坡[31]。在殖民时期，各国被迫使用英语，导致至今英语仍然在族际交流中发挥着重要作用。在以英语为外语的国家，英语不是教学语言，也不是政府的工作语言。人们学习英语主要是为了与说英语的人交流或阅读书面英语材料。法国、日本及世界上大多数国家和地区都属于这一类。与核心英语国家相比，ESL国家和EFL国家可以统称为英语外围国家。之所以称之为"外围"，是因为这些国家的英语使用和教学都是基于核心国家的英语语言规范。

综上所述，由于不同国家和地区在学校环境之外接触英语的程度不同，以及英语在不同国家的教育体系和社会层次中的作用不同，对英语教学的需求和策略也不同。因此，比较和分析其他国家的外语教育政策，尤其是英语教育政策，必须考虑到这些国家不同的英语使用类型和环境。下面笔者将根据核心英语国家和外围国家的分类，从语言教育规划的各个方面，包括英语教育，对一些国家的外语教育进行考察和分析。

三、核心英语国家的大学外语教育

（一）美国的大学外语教育

1. 背景

美国作为一个移民国家，被称为"大熔炉"，以多元文化和多民族融合而闻名。然而，这个"大熔炉"的目的并不是保存族裔群体的语言和文化特征，而是融合所有族裔群体的语言，走向单语制（英语）而不是多语制。早期的美国非常重视语言多样性的价值。然而，19世纪末，单一语言的传统变得更加强大，对多样性的接受程度大大下降。美国历史上出现过几次纯英语运动（或官方英语运动），其影响延续至今。该运动的目的是保持美国的语言，以便在美国只有一种语言——英语。纯英语运动得到了社会各界的大力支持。它的直接影响导致了美国23个州将英语作为官方语言，许多其他州也将英语作为行政、教学和法庭的语言。这场运动的深远影响在于，它导致了英语在美国的压倒性统治地位和其他语言在美国社会的边缘化。

2. 规划主体

20世纪中叶以来，美国人对外语的态度已经发生了变化。这种变化主要有两个原因：国家安全和全球竞争力。1957年，苏联发射了世界上第一颗人造卫星，被美国视为主要威胁。美国政府开始意识到，缺乏外语技能对国家安全造成威胁，并成为1958年通过《国防教育法案》的主要推动力。1979年，总统委员会的报告《权力的力量》指出，"作为一名美国公民，掌握一种以上的语言已经成为国家安全的必要条件。"1983年，美国教育质量委员会发布了《教育改革宣言——国运危机：教育改革势在必行》，首次将外语教育与数学、计算机科学、自然科学等基础学科置于同等地位，标志着美国政府外语教育观念转变的开始。美国国家外语中心（NFLC）长期以来一直呼吁从国家安全的角度来制定美国的外语政策。该机构的期刊《政策问题》（*Policy Issues*）已经发表了几篇关于这个问题的报告。2000年11月，NFLC在其期刊《政策问题》中发表了一份题为《语言、国家安全和学术：对联邦行动的建议》的报告中称"外语长期以来被认为是国家安全的一个组成部分"。

另一方面，21世纪是经济全球化的世纪。国际竞争越来越依赖以下能力：跟上世界经济趋势和信息的能力；国际交流和沟通能力；参与国际事务和各种国际经济文化活动的能力。拥有这些能力是提高一个国家外语教育水平的重要前提。面对21世纪对国际化人才的需求，美国政府已经开始意识到美国外语教育的低质量将使美国在21世纪面临失去应有国际竞争力的危险。1989年，美国教育委员会呼吁最高教育领导人将提高美国学生的外语技能作为一项历史使命。基于上述考虑，美国在20世纪50年代末开始更加重视外语教育，1958年颁布的《国防教育法》的目标是"确保能够培养出足够数量和质量的人员来满足美国的国防需要"。《国防教育法》第六条规定了外语教育相关内容，并设立了第一笔专门用于外语教学的联邦基金。经过多次扩展，《国防教育法》已成为美国许多外语教育项目的法律基础。

美国高校外语教育的主要驱动力之一是全球经济竞争力。在这方面，许多文献讨论了支持和发展外语教育对美国国际关系、全球竞争和国家安全的重要性。在此背景下，美国国家外语中心一直在发展和完善国家外语教育计划，即正规和非正规教育机构中的"非英语教学"。该计划侧重于商业、科学和工程学生的具体需求。但是否实施该计划由学校决定，联邦政府无权干预高等教育中的类似事务。联邦政府提供的资金确实对它所支持的项目的发展有一定的影响。1980年，《高等教育法》重新授权了《国防教育法》第六条，美国高校的外语教育开始由美国教育部管理，而不是国防部。简而言之，美国高校的外语教育是由教育部在联邦层面进行规划和资助的。其他组织，如国家外语中心（NFLC）、美国外语教学委员会（ACTFL）也在课程设计、教学评估和教学优先事项中发挥重要作用。所以美国高校外语教育规划的实际规划科目，是官方规划科目和专业规划科目的结合。

3. 语言设置

美国联邦政府颁布的《国防教育法》第六条最初关注外语教学和高级外语学习，包括主要来自西欧以外的语言，如俄语，这被认为是对美国国家安全至关重要的地区的语言。后来因为国会态度的转变和美国对西欧政策的重视，一些西欧语言被纳入高级外语教学，如西班牙语、法语和德语。随着第六条国际范围的扩大和对增强全球竞争力特别是经济竞争力的日益重视，拉美语言于1960年进入第六条规划范围。20世纪50年代以来，美国大学开设的外语课程范围已经扩大。1986年以前，大多数美国大学只提供少数几种传统的外语课程：西班牙语、法语、德语、意大利语、拉丁语、俄语和古希腊语。2001年9月11日之前，美国高等教育中的外语政策侧重于教授西班牙语、法语、德语和拉丁语等欧洲语言，而对国家安全的"关键语言"关注不够。

为了通过提高语言能力来进一步加强国家安全，美国总统、国务卿、教育部、国防部和内部管理局联合发起了一项全国性的综合宣传外语教育计划——国家安全语言倡议，旨在增加学习需要的语言（如阿拉伯语、汉语、俄语、印地语等）。在上述一系列法案和措施的推动下，美国高校的外语课程逐渐增多。根据美国现代语言协会的最新调查，1970年以来，西班牙语仍然是美国高校中教授最多的外语。西班牙语、法语和德语一直是美国最受欢迎的外语，这三种外语的学习人数正在稳步增长，占外语课程总数的70%，而意大利语、阿拉伯语、葡萄牙语、日语、汉语和韩语的学习人数也大幅增加，其中汉语和阿拉伯语的学习人数增长最快。开设阿拉伯语课程的高

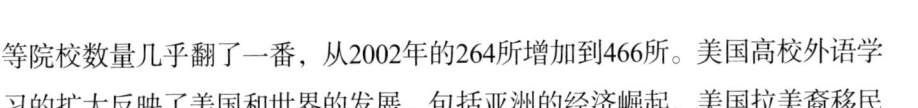

等院校数量几乎翻了一番,从2002年的264所增加到466所。美国高校外语学习的扩大反映了美国和世界的发展,包括亚洲的经济崛起、美国拉美裔移民的增加以及美国对英语和阿拉伯语社会之间相互理解的兴趣。

4. 课程目标、目的和设置

1986年,美国外语教学委员会发布了能力指南,将外语教学的目标从语言知识转移到语言能力,并建立了一个测试系统来衡量学生的语言能力,语言能力教学大纲描述了初级、中级和高级水平的学生说、读、写外语的能力。这个教学大纲是基于美国政府语言学校的教学大纲。1996年,美国外语教学委员会进一步为所有外语学习者制定了从幼儿园到大学的"一站式"外语教育计划,并出版了《21世纪外语学习标准》,1999年修订并再次出版。其中,11项标准反映了以下5个外语学习标准,即美国外语教育的"5C"外语学习标准:①交际(communication):用英语以外的语言进行交际;②文化(cultures):了解其他国家和地区的文化;③联系(connections):与其他学科联系,获取相关信息;④对比:培养对语言和文化本质的洞察力;⑤社区(communities):参与世界各地的家庭和多语言社区。

目前,美国很多大学都有外语系或者校内语言中心,提供零起点的外语基础课程供学生学习。如果学生想继续深造,他们可以继续学习语言或文学方面的更高水平的课程。此外,许多美国大学正在将传统的语言和文学专业扩展到语言和文学以外的语言研究,如政治、历史或经济。越来越多的大学也为学生提供双学位课程,将语言学习与其他专业相结合。作为应用语言学的发源地,许多外语教学法都是由美国学者首先提出的。

从18世纪到20世纪初,语法翻译一直是一种非常流行的外语教学方法,但它因过分强调语法解释和语言应用而受到批评。从1940年到1960年,在结构主义语言学理论和行为心理学的影响下,外语教学进入了听、说的黄金时代。这种方法更看重口语而不是书面语,课堂上的主要活动是角色扮演和知识点的反复操练。由于其简单和低成本,很受欢迎,今天仍然如此。20世纪中叶以来,强调学习者的需求和语言输入的自然或交际方式已成为外语教学的最新趋势。20世纪90年代听、说开始流行以来,美国高校外语教材的形式和内容变化不大，同质化趋势明显。教材内容以语法讲解和例题为主，习题为辅。理论上，这些教材强调的是"功能导向""真实生活场景""真实语言应用""交际导向"的内容。事实上，交际法仍然只是一种语言习得理论，并没有得到广泛应用。20世纪90年代中叶以来，计算机和网络技术的广泛应用对外语教学产生了深远的影响。基于计算机网络技术的多媒体外语教学正在越来越多的美国大学外语课堂上出现。语言应用中心（CAL）及其下属的教学资源信息中心为外语教育提供了大量的教学资源。从而有效地提高了外语教学水平和学生的学习能力。[51]

5. 课程评估

口语水平面试（OPI）是美国外语教学委员会的职责，是训练有素的考官确定外语考生从初级到高级水平的测试工具。OPI测试学生用外语完成日益困难的交际任务的能力，对外语课程、外语教学和评价、外语教师证书的授予标准等都有重要影响。因此，基于OPI的外语水平测试也相应地进行了修改，并广泛应用于美国高中和大学的外语课程中。此外，美国高校外语教学的测试方式也从传统的静态笔试转变为基于动态结果的测试。评估方法要求建立学生学习档案，主要记录学生在各种情况下使用外语的表现。成绩考核包括出勤率、课堂表现、自评和公共期末考试。

6. 教师队伍

美国高校的外语教师主要由专职教师、兼职教师和研究生助教组成。专用教师分为终身教师和非终身教师，均具有博士学位。大多数高校主要依靠研究生助教和兼职教师教授初级外语课程，只有少数专职教师教授本科外语课程。

随着越来越多的学生学习外语及学习语言范围的扩大，美国的大学面临着外语教师的严重短缺现象。2006年，美国总统布什发布了直接针对国家安全的外语政策——《国家安全语言倡议》（National Security Language Initiative），并决定扩大国务院富布赖特外语教学项目。从2006年到2007年，300名外语教师被邀请到美国大学任教。其中，已有18名我国教师获得资助在美国教授中文，后迅速增加到每年40名。此外，该计划还将扩大美国的旗舰语言法案，在2000年至2009年培养精通阿拉伯语、汉语、俄语、印地语和中亚高级语言的英语口语人才，同时增加外语教师的数量并建立一个全国性的远程教育学习交流网络，将外语教育资源提供给教师和学生。目前，美国有100多所高校从事外语教师培训，高校外语教师可以通过每年的创新教育改革计划获得专项资金。然而，从整体上看，美国高校的外语教师不能满足外语教学的需要。由于收入低和工作量大，无法吸引足够数量和质量的人才来扩大外语教学。

（二）美国大学的第二语言英语教育

1. 规划主体

1906年的《归化法案》要求准公民必须会说英语。20世纪20年代中期，美国大多数州都采取了在整个教育系统，包括学院和大学，使用英语作为唯一教学语言的政策。美国联邦政府无权干涉高等教育系统的具体教学事务，也无权制定大学生的英语学习政策。然而，几乎所有的美国高校在招收国际学生时都要求具有一定的英语水平，除外语外的所有课程都用英语授课。所以美国高等教育的英语教育其实是院校自己规划的。

2. 课程目标、目的和设置

美国高校的英语语言课程有两种。一种是针对以英语为基础和母语的学生。这些课程是典型的人文课程，以英语语言、文学和写作为核心，面向英语不是外语或第二语言的学生。另一种是母语不是英语的国际学生开设的英语作为第二语言的课程。笔者在这里讨论的美国大学英语课程指的是后者。大多数美国学院和大学开设ESL课程，一般以学术为导向。ESL项目旨在提高学生的英语水平，以满足其他专业课程的需求，是为英语水平有限的学生进入专业项目前的准备。就课程设置而言，美国大学常见的ESL课程分为三类：

①强化英语课程：这类课程通常持续几周，每周20~30小时。

学生一般不参加其他课程。这类ESL课程的目标是达到美国高校的录取标准。

②半强化英语课程：这类课程类似于强化英语课程，但通常与其他专业课程结合在一起。

③专业英语课程：学生学习英语是为了他们的专业发展。许多私立和公立大学在医学、商业、法律、旅游、公共关系、建筑工程和国际关系等领域为这些学生设计了英语课程。这些课程也被称为ESP（专门用途英语）课程。教学内容主要集中在具体专业领域的词汇、文体和文本类型，注重英语阅读和理解技能的发展，包括词汇、学术写作和听力。这些ESL和ESP课程大多是专业课程，侧重于专业听、读、说或写等特定技能。这种针对一个弱点的强化训练可以更有效地让学生跟上其他专业科目的进度。

3. 教学方法和教科书

在教学方法方面，ESL课程主要强调"以内容为中心"和"以任务为基础的课堂活动"。近年来，随着认知心理学、社会学理论和应用语言学理论的结合越来越频繁，以心理学和社会文化为中心的课堂教学内容也越来越多。该课程旨在通过让学生完成各种任务并将这些任务与基于社会生活中真实情况的课堂环境相结合来练习语言和技能。这种将各种技能联系在一起的综合语言教学法逐渐取代了过去只注重单项语言技能训练的离散语言教学，成为ESL教学的主流。作为第二语言习得理论的发源地，美国的ESL教学法研究正在蓬勃发展，各种新的理论和方法层出不穷。20世纪90年代以前，主流的教学方法已经从关注学生的语言损失转变为以学生为中心，强调学生与合作者之间交流的交际语言教学。20世纪90年代以后，交际方式逐渐被任务型语言教学所取代，逐渐进入"后方法时代"，即关键不在于采用什么方法或设计什么方法，而在于如何适应不同的需求以产生最满意的学习效果。

ESL教材主要分为以下几类。①核心教材。这些教材一般是从基础到高级的系列教材，每一课都包含了听、说、读、写的技能。许多核心教材都与标准化考试有关，如托福考试。核心教材往往包含一些辅助材料，如教师用书、光盘和磁带、练习本等。②补充材料。这些材料一般与核心材料一起使用，帮助学生训练某些技能，如专门用于听力训练的材料或专门用于写作训练的材料。③语法教材。这些教材分为核心语法教材和语法参考书：核心语法教材包括英语口语和书面语应遵循的语法和语用规则；语法参考书不包含练习，只列出英语语法的每一条规则。④学科型教材。这类教材主要针对特定学科和专业，通常是独立出版而不是作为分级系列教材。此外，广义的ESL教材还包括各种词典作为学生的参考书。美国高校的ESL课程没有统一的教材，通常由每个学校的ESL教师决定使用哪种教材。此外，第二语言教师协会（TESOL）对ESL课程使用的教材提出了一些建议，为教师选择教材提供了参考标准。2002年的TESOL标准提出，ESL教材要与时俱进，适合成年人。教材要注重文化特色，把学生的语言文化作为重要因素，以学习者的语言需求为导向。

4. 课程评估

美国高校对国际学生英语水平的评估是独立的。大多数高校依靠教育考试服务中心（ETS）提供的英语作为外语的考试（托福）成绩来判断学生的英语水平。一些学校还使用其他测试，如MTELP（密歇根英语语言能力测试）或学校自己设计的工具。ELPT（英语语言能力测试）是另一种标准化测试，越来越多的学校使用它来衡量学生的英语能力。许多美国学院和大学使用标准化考试成绩来决定一个学生是否符合入学标准。不符合ESL要求的合格学生必须参加分级考试，以确定他们入学后需要学习的语言课程水平。如何评估学生的学术进步在很大程度上取决于个别机构的规则，通常是基于他们在课堂上的表现。出勤、参与班级活动和按时完成作业都是评估的一部分。在大多数情况下，学生的学业评估是过程评估和结果评估（即各种测验、考试、书面或口头作业的分数）的结合。一些学校要求学生在完成ESL项目之前完成一系列指定的课程，而另一些学校要求学生在开始专业学习之前达到规定的标准化考试成绩，如TOEFL（托福）。完成ESL课程的学生将获得结业证书。

5. 教师队伍

大部分美国大学ESL教师必须有TESOL硕士学位。每个州对ESL教师资格的要求可能不同，一般要求教师不仅要有专业课，还要有实际教学经验。TESOL硕士项目一般包括英语课程和语言教学法理论课程。TESOL硕士学位课程的入学要求通常包括至少一个英语或语言学学士辅修专业，有时还包括一个外语专业学位。完成TESOL硕士学位的要求并不能自动获得

ESL教师认证。所有教师还必须在实习教师的监督下教学，完成一系列国家资助的科目考试、重叠教学和其他测试。一般可以通过额外的大学选修课获得ESL证书。ESL证书只有教师同时持有教师资格证才有效。各州对ESL教师资格的要求各不相同。

6. 效果和影响

20世纪50年代以前，整个美国社会，从政府到美国民众，都完全忽视外语教育，仅有少数中学和更少的大学开设外语课程。直到20世纪50年代，美国的一些专家学者才开始意识到外语教育对国家军事和外交的重要性，并发起了一场呼吁全社会重视外语教育的运动。这场运动和1957年苏联成功发射人造卫星带来的危机感促使美国政府通过了《国防教育法》，首次将外语教育列为优先领域，并决定资助高等学校的外语教育。[51]国家安全成为这一时期美国加强外语教育的主要动力，美国大学开始改善外语教学环境和资源。20世纪80—90年代，面对多极世界的形成和信息全球化的推动，全球竞争力尤其是经济竞争力的提高成为美国更加重视外语教育的原因。由美国外语教育委员会制定、美国教育部资助的《21世纪外语学习标准》已经推广到高校，成为美国高校外语教育改革的重要指导方针。2001年9月11日之后，重视国家安全成为美国外语教育的战略目标。美国颁布了《国家安全语言法案》，美国政府开始加大对高校外语教育的经费投入，还发布了一份白皮书，呼吁全社会加强外语学习。在这些规定和措施的推动下，美国大学学习外语的学生数量迅速增加，全社会学习外语的热情达到了历史上前所未有的高度[51]。

在外语教育的语言规划上，1958年后，美国大学教授的现代外语从德语、法语、意大利语、西班牙语等传统语言发展到现在的汉语、阿拉伯语、葡萄牙语等几十种语言，这些对美国政治和经济有潜在威胁的语言教学是重点。21世纪以来，美国越来越重视高校外语教育，但仍面临诸多问题。目前，在美国外语教学实践中，传统的翻译教学法被广泛使用，统一的考试和评估体系尚未建立。由于高校的外语教师主要是研究型大学的博士毕业生，培养规模较小，师资和在职培训严重不足。所以，美国现正试图通过聘请外国人和外语助教在美国大学任教，同时加大外语教师的培训力度，提高外语教师的待遇来解决这一问题。

相比外语教育，美国语言教育更重视英语教育，包括英语作为第二语言的教育。美国大学的英语作为第二语言教育是针对第一语言不是英语的国际学生的，包括本科生和研究生。美国的大多数学院和大学不要求学生学习一门外语。相反，美国几乎所有的学院和大学都要求母语不是英语的国际学生达到每个学校规定的英语水平。这一水平通常基于托福成绩，托福是由ETS管理的标准化考试，或者密歇根大学的MTELP能力测试，有时也基于学校自己设计和管理的考试。与外语教育的情况类似，美国高校的第二语言教师也面临着严重的师资短缺现象。低收入和低地位是这一职业缺乏吸引力的主要原因。然而，与美国政府近年来大力培养外语教师不同的是，高校对英语作为第二语言教育的师资等资源投入在下降，申请研究基金很难，学习第二语言的学生几乎没有英语教育奖学金。

四、英语为第二语言的周边英语国家的大学外语教育

（一）新加坡的大学外语教育

1. 背景

1965年新加坡脱离马来西亚独立以来，其语言教育政策一直是国家教育政策和社会政策的重要组成部分。首先，从人口构成来看，新加坡是一个多民族、多语言的国家，总人口约561万，其中华人占多数，约占全国人口的75%，其次是马来人、印度人和其他种族，华人、马来人和印度人基本构成了新加坡社会的三大族群。其次，一方面新加坡国土狭小，自然资源匮乏，另一方面新加坡地理位置优越，地处海运和航空的要道。受这两个因素的影响，其经济主要依靠国际贸易，尤其是从周边国家进口各种初级产品，加工后出口，形成独特的以贸易和航运为主体的经济类型。因此，与邻国和世界各地的交流对新加坡的经济发展和繁荣非常重要。此外，从19世纪初至20世纪中叶，新加坡是英国的殖民地，社会各个领域都深受英国殖民统治

的影响。直到1959年，新加坡从英国获得自治权，1963年与马来西亚合并。1965年因政治冲突脱离马来西亚，成为独立的新加坡共和国。这一历史因素不可避免地对新加坡的语言教育政策产生了深远的影响。

在上述政治、经济和社会因素的影响下，英语被确立为新加坡的官方语言之一，成为新加坡各民族之间交流和接触发达国家先进科学技术的语言工具。新加坡政府以经济原因为主要动机，将英语确立为官方语言，鼓励新加坡社会跨种族的沟通与交流。新加坡政府也意识到，一个前殖民地的语言不应该是一个刚刚赢得独立和主权的国家的唯一官方语言。于是，三大族群所使用的语言也成为新加坡的官方语言，即汉语、泰米尔语和马来语，这三种语言长期以来被用作新加坡的教学语言。根据新加坡法律，马来语、英语、汉语和泰米尔语已成为政治地位平等的四种官方语言。确立官方语言政策后，新加坡政府于1966年开始在教育领域实施双语政策，要求四种官方语言中至少有两种语言为教学语言，进一步强化英语的地位，建立以英语为第一语言和教学语言的教育体系，并要求学生学习另外三种官方语言中的一种作为第二语言。母语是小学毕业考试的必修科目之一。双语制的主要目标之一是让英语成为新加坡多元种族社会的通用语言。英语作为第一语言的地位也将有助于新加坡更好地融入全球经济社会。另一个目标是鼓励学生学习他们的母语，以便了解他们自己的文化和发展民族特性，从而保护所有民族文化，特别是亚洲文化和价值观。1987年，政府发起了"人人讲英语"运动，规定从小学一年级开始，所有科目都应该用英语教授，学生的官方母语应该单独教授。

简而言之，在新加坡这个多民族、多语言的社会，英语被视为基础教育和高等教育的主要官方语言和唯一合法的教学语言。在学校，英语是第一语言，其他语言是第二语言。本文所讨论的新加坡大专院校是指新加坡高等教育体系中的八大院校，即三所四年制综合大学（新加坡国立大学、新加坡管理大学、新加坡管理发展学院）和五所三年制理工学院（新加坡理工大学、怡安学院、淡马锡理工学院、南洋理工大学和共和理工学院）。其中，南洋理工大学和新加坡国立大学是公立大学，是新加坡历史

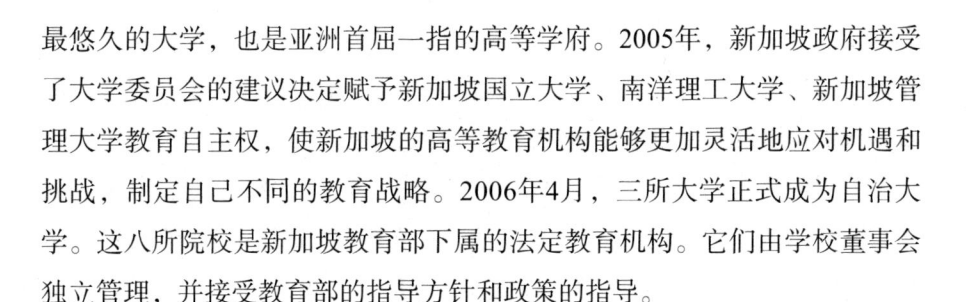

最悠久的大学,也是亚洲首屈一指的高等学府。2005年,新加坡政府接受了大学委员会的建议决定赋予新加坡国立大学、南洋理工大学、新加坡管理大学教育自主权,使新加坡的高等教育机构能够更加灵活地应对机遇和挑战,制定自己不同的教育战略。2006年4月,三所大学正式成为自治大学。这八所院校是新加坡教育部下属的法定教育机构。它们由学校董事会独立管理,并接受教育部的指导方针和政策的指导。

2. 规划主体

新加坡政府直接参与制定社会各方面的政策和方针,包括语言教育。新加坡首任总理李光耀的教育背景和政治经历直接影响了他对语言的态度。他出生在新加坡的一个华人家庭,十几岁时就读于一所英语学校。从1946年到1949年,他以最高荣誉获得了英国剑桥大学的法律学位。20世纪60年代初,李光耀访问了英国的伊顿公学及北美和欧洲的学校。1968年,在他成为新加坡总理九年后,回到哈佛,对美国社会和经济有了更深入的了解。除了英语,李光耀还会说马来语,后来又学了普通话和客家话。新加坡独立后,李光耀坚持使用英语作为"工作场所的语言和通用语",他认为"如果我们使用马来语、汉语或泰米尔语,我们就无法在一个国际贸易社会中生存下去"。由此可见,英语对新加坡的可持续发展至关重要,但掌握其他语言也同样重要。新加坡采取了双语政策,英语是所有学校的教学语言,马来语、普通话和泰米尔语作为文化遗产教授。1990年,新加坡所有高等教育机构都用英语教学。

3. 语言设置

在新加坡,虽然中小学要求学生学习两种语言,即英语和该国官方母语,但学习一门外语(四种官方语言以外的语言)的机会相对较少。只有前10%的小学毕业考试(PSLE)学生和有语言能力的学生有资格在中学第一年申请一门外语,这是除英语和母语之外的一门语言课程。被选中学习外语的学生在正常上课时间之外,每周两次到教育部语言中心上外语课。语言中心只提供三门外语课程:日语、法语或德语。学生也可以选择马来语作为外语,前提是这不是他们的母语,并且他们在小学没有学过马来语。选择日语作为选修课的学生将需要有汉语知识。因此，根据双语教育政策，新加坡高等教育机构的大多数学生都是双语或多语学生，但在新加坡以外学习语言的机会相对较少。

21世纪以来，新加坡政府开始意识到英语以外的语言，包括其他欧洲和亚洲国家的语言，在经济发展中发挥着越来越重要的作用。最明显的例子是，近年来，由于我国日益增长的经济影响力，新加坡政府开始号召国民学习汉语，被称为"讲华语运动"。20世纪70年代末以来，这一历史悠久的活动的初衷一直是强调华人的文化价值及其在华人社区中的交流功能。目前，这场运动与我国的经济价值息息相关。可见，实用价值是新加坡政府制定语言教育政策的重要驱动力。在这种影响下，汉语越来越受欢迎，越来越多的非华裔家长要求学校为学生提供学习汉语的机会。因此，新加坡政府开始积极推动母语和其他亚洲语言的学习，并努力为新加坡创造一个有凝聚力、开放和多元化的社会形象。在这种趋势下，新加坡的高等教育机构也开始为学生提供更多学习外语的机会，开设更多的外语课程。

新加坡国立大学教授最受欢迎的外语，包括阿拉伯语、印度尼西亚语、汉语、法语、德语、印地语、日语、韩语、马来语、泰米尔语、泰语和越南语。共和理工学院提供的外语最少，只有汉语、马来语和泰米尔语。其他院校开设的外语课程有七八门，其中汉语、法语、德语、日语是各个院校都教授的语言。近年来，一些学校增加了西班牙语、意大利语、俄语、韩语和阿拉伯语。因此，新加坡高等教育机构提供的外语课程现在不仅包括传统上提供给马来西亚和印度以外其他族裔学生的马来语和泰米尔语，还包括一些欧洲国家的主要语言，如法语、德语及邻近东南亚国家的语言。新加坡大学提供的外语选择，体现了新加坡语言教育政策的全球视野。值得注意的是，近年来新加坡大学外语教学的一个显著趋势是汉语教学的规模明显扩大，汉语的地位日益提高，这与汉语对新加坡的经济和文化价值密切相关。

4. 课程目标、目的和设置

新加坡高等教育机构的录取标准只要求母语及格，分数不计入入学考试总分。对英语和母语以外的外语课程成绩完全没有要求。高校的外语课程一般面向学校不同院系的全日制本科生和研究生开设。语言课程通常由附属于人文和社会科学学院的语言中心组织，如新加坡国立大学艺术和社会科学学院的语言研究中心，南洋理工大学的语言和交流中心，以及新加坡管理大学的语言实验室[51]。

根据课程介绍，外语课程的主要目的是开阔学生的视野，让他们掌握不同语言和文化的知识，以获得更多的发展机会。例如，新加坡国立大学已经明确表示，通过提供第二语言或外语的学习，其本科生可以获得一种语言技能，这将使他们在全球经济中获得优势，帮助他们在国内和世界其他地方获得更多的发展机会。

从具体的课程设置来看，这些高校开设的外语课程根据不同高校的不同要求而有所不同，但基本上其课程类型都是公共选修课。新加坡国立大学的外语课程根据语言的不同有自己具体的课程安排。例如，法语课程分为六个级别，包括讲课和个别课程。在讲课的情况下，班级是中等规模。学生有13周的授课时间，每周两次授课，每次授课1小时40分钟。个别运行11周，每周一节，班级规模较小。日语课每周安排7个小时，包括2个小时的讲课和5个小时的辅导。

在新加坡南洋理工大学，毕业所需的总学分由必修课（核心课）、专业选修课和公共选修课组成。外语课程是公共选修课。南洋理工大学为大部分学生提供从初级到高级的八门语言课程，分别是汉语、法语、英语、德语、日语、马来语、西班牙语和泰语。每门课程每周3小时，每学期第2周到第13周开设泰米尔语课程。已经学习了一种语言并希望学习该语言的更高水平课程的学生将参加分班考试，以进入相应的班级。

淡马锡理工学院要求学生在毕业前有4个学分的公共选修课。外语课程是公共选修课之一，学生可以在任何一个学期开始学习。在淡马锡理工学院，学生必须有三门选修课的学分才能毕业。外语课是人文和社会科学学院开设的众多跨学科选修课之一。该课程为3个学分，共一个学期，或者学生可以从任何一个学期开始学习。新加坡理工学院开设的汉语课程是面向母语非汉语的学生的。课程为期两个学期，即30周，每周2小时，共60小时。如果学生想继续深造，也可以继续学习一学期的商务汉语，每周两节课，总共30节课。学院还面向全校全日制学生开设法语、德语、日语、韩语、马来语、西班牙语选修课，每门课60学时，阿拉伯语30学时。

除了提供外语选修课，南洋理工学院的外语中心和新加坡管理大学语言实验室还结合外语课程为学生提供在线课外学习机会。

5. 教学方法和教科书

新加坡的高等教育机构有很大的自主权，所以外语课程没有统一的教学大纲，外语教学方法和教材也没有统一的规定。然而，大多数大学都采用以学生为中心的教学模式，提倡启发式或讨论式教学方法。学生积极参与整个教学过程，参与整体教学目标的讨论。外语教学通常被置于文化背景的语境中。在教授语言的同时，也有意识地教授目的语社会的文化知识。

新加坡八大高等教育机构中，只有新加坡国立大学制定了统一的外语课程教学大纲。该大纲由美国国家语言研究中心经验丰富的大学教师教学发展委员会制定，其教学目标是培养学生的交际能力（语言知识、交际策略、话语知识、社会文化等）、文化意识（了解目的语的文化）、自主学习能力和社交能力（如何与他人合作、讨论和谈判等）。教学大纲中阐述的外语教学理念认为，使用语言的目的是有效的交际，外语教学应以学习者为中心，外语课程应为学生创造主动习得语言的机会。因此，教师应该引导学生在语言学习过程中获取语言知识，懂得如何使用语言。教学大纲强调外语学习是学习者的主动过程，因此教学应根据学习者的需求、兴趣、语言水平和已有知识进行。在这种教学理念的指导下，外语教学方法主要以交际法为基础，交际法的原则是合作学习、真实语言输入、综合语言技能学习、任务型学习、项目型学习和以学习者为中心的学习[51]。

此外，多媒体和互联网等现代技术也被用来辅助外语教学。例如，南洋理工学院的外语中心为学生自学外语提供了在线教材和教师指导。

6. 课程评估

以上八所新加坡高等院校的毕业要求对外语课程没有任何规定，大部分高校将外语课程作为公共选修课的一部分，学生在毕业前一般要选修3或4门公共选修课，但并不要求一定要选外语课程。

新加坡国立大学对学生外语学习的评估既包括形成性评估（课堂表现、期中考试、书面作业和个人辅导等）和终结性评估（期末笔试）。不同语言的课程可以选择不同的测试方法，近年来形成性评估逐渐成为主导方法。同样，南洋理工大学的外语考试由学期中的形成性评估和期末的笔试组成。

与上述大学不同的是，淡马锡理工学院的外语课程没有期末考试，学生的外语学习成绩由他们在报告、作业和陈述中的表现决定。

总的来说，新加坡大学的外语课程没有全国统一考试，更侧重于对学生整个学习过程的综合考核。

7. 教师队伍

为了保证外语教育的质量，新加坡各大学的外语教育教师主要是以某一种语言为母语的人，他们大多拥有硕士学位和五年以上的教学经验。

在新加坡八大高校中，五所理工学院的外语师资力量明显少于三所综合大学。外语师资力量最强的是新加坡国立大学，其艺术与社会科学学院的语言研究中心自2001年成立以来，拥有100多名专职和兼职英语教师，其中拥有语言学相关博士学位的有10多人，其他教师全部拥有硕士学位，许多教师来自不同的语言研究领域。新加坡国立大学语言研究中心的教师也成立了一个教学和学习发展委员会，为学校的外语教学制定一个总的教学大纲。

新加坡高校积极支持并定期资助教师参加国际学术活动，鼓励教师参加在职培训、出国深造或参加学术人员交流项目。

（二）新加坡大学的英语作为第二语言教育

1. 规划主体

虽然新加坡是一个多语言、多种族的国家，英语、汉语、马来语和泰米尔语是种官方语言，但自殖民时代起，英语就在新加坡扮演着重要的角色。新加坡政府在20世纪80年代采取的一系列语言教育政策，进一步加强了英语在新加坡的地位。作为新加坡语言政策的核心，英语不仅是最常用的官方语言、工作语言和不同种族之间沟通的桥梁，也是教育系统各级学校的教学语言，一直是新加坡政府和教育部门关注的焦点。

新加坡历届领导人都非常重视英语教育，强调英语要从正规的学校教育开始并呼吁父母尽早教孩子英语，相信越早开始学习，孩子的英语水平就可以越高。

由于英语在新加坡的使用经历了100多年的发展和变化，不仅吸收了当地语言和方言（马来语、泰米尔语和普通话）的词汇和语法，还发展了独特的口音和发音，于是形成具有当地地方色彩的区域性英语变体——新加坡英语。

由于担心日益流行的新加坡英语给新加坡和其他国家的商业交流带来困难，新加坡总理吴作栋在1999年的国庆集会演讲中提到，要使新加坡成为高等教育的中心，必须构建"标准英语"的良好环境，学校必须有标准英语教授。2000年，新加坡政府发起了旨在让新加坡全社会，尤其是年轻一代的新加坡人讲标准的讲正确英语运动（Speak Good English Movemen，SGEM）。

在新加坡政府及其领导人以英语为主导的语言教育政策的指导下，从1990年开始，英语被作为新加坡高等院校所有专业的教学语言，学生的英语成绩被认为是新加坡所有大学录取要求中的一个重要标准。根据新加坡教育部规定，申请新加坡理工科院校和大学入学的学生需要参加新加坡考试局组织的剑桥普通水平考试和剑桥高级水平考试，其中英语是必考科目之一。所有申请第一语言非英语的新加坡大学的留学生，还必须提供标准化的英语考试成绩，如托福或雅思。

2.课程目标、目的和设置

通过对新加坡上述八所大学的调查，笔者发现新加坡大学英语教学的主要对象有两类：一类是第一语言不是英语或母语非英语的国际学生，另一类是需要达到学校对英语的要求或想进一步提高自己英语水平的本地学生。

对于本科生，新加坡国立大学以英语水平区分英语语言课程，而不是以国籍区分；新加坡国立大学要求所有一年级国际学生和理工毕业生，以及剑桥高级文凭在所有入学考试前在新加坡国立大学下的英语语言测试成绩为B4的本地学生必须参加英语语言中心（center for English language communication）组织的英语水平测试。根据测试结果，英语水平没有达到一定要求的学生需要额外选修一门甚至三门英语课程，这些课程不计入毕业所需的学分。申请进入两年制专科学校或三年制理工学院学习英语的本科生需要学习国家大学英语交流中心提供的两门课程：基础英语和学术英语。基础英语课程是国家大学的英语语言要求之一，主要针对那些通过英语水平测试后发现了基本英语技能的学生，尤其是语言课和写作课。基础英语课能满足合格学生对下一门EAP（学术英语）课程学习的要求，主要目标是提高学生的基本英语技能，在课程结束时学生应能正确理解和应用英语语法，识别语法错误，扩大学术方面的英语词汇量，用英语写出连贯的段落等。EAP课程旨在培养学生在学术阅读和写作中的技巧和策略，具体的教学目标是让学生分析和理解学术语篇的结构和内容，培养学生写作（主要是论述和论证写作）的逻辑思维能力及正确使用语法规则等。

新加坡管理大学要求所有一年级学生都要修三门基础必修课。英语学术写作是新加坡管理大学提供的核心课程之一，相当于2个学分。它旨在帮助学生发展逻辑和分析思维以及研究论文写作技巧。来自第一语言或教学语言不是英语的国家的国际学生可以在申请入学前参加衔接课程。这门课程由一系列阅读、写作和听力课组成。目的是帮助国际学生提高他们的英语学术交流能力，并为他们通过入学所需的SAT（学业能力倾向测验）考试做准备。这些班级通常很小，每个班不超过20名学生，持续15周，每周课后讨论，以帮助提高英语技能。除了上述核心英语课程和国际学生的过渡课程，新加坡管理大学还提供两门英语课程供学生自愿报名，即英语提升课程和写作培训课程。前者以工作坊的形式提供英语语法、论文写作、发音等方面的针对性训练，后者则为学生提供每次20分钟的学期论文写作一对一辅导。学生必须在学期中指定的时间内报名参加。学生可以自愿报名参加这些课程，通常需要额外付费。

南洋理工大学的英语课程主要面向母语和教学语言不是英语的国际学

生。在南洋理工大学，英语课程由来自本国的学生和其他母语不是英语的国际学生选修。有两种类型的课程，一种是学生接受英语强化训练，然后逐渐增加对专业课的学习，或者是英语强化训练与数学、物理等专业课相结合，为期六个月。

新加坡义安理工学院的英语语言课程由跨学科研究学院提供。课程分为三种类型：过渡英语课程、普通英语课程和口语提升课程。过渡英语课程的主要目的是帮助留学生提升英语听、说、读、写能力，增强他们在工作和学习中使用英语交流的信心。普通英语课程是国际学生第一年的选修课，以说和写为主，以学术目的为导向。旨在培养学生基本的英语学术写作和交流技能。口语提升课程是留学生第二年的选修课，重点提升学生在正式场合的听力理解和口语水平。

新加坡理工学院传播、艺术和社会科学系为国际学生和新加坡学生提供不同类型的英语语言课程，统称为语言支持课程。母语或母语非英语的国际学生可根据入学时的托福或雅思标准化考试成绩参加英语水平课程，以提高英语水平；雅思成绩没有达到学校录取要求的留学生，也可以选择考雅思特定课程。对于新加坡本地学生而言，毕业时需要参加新加坡教育部组织的剑桥普通水平考试，其中英语成绩必须达到毕业所需的最低要求，这对他们毕业后的入学和就业有着重大影响。

在南洋理工学院，是该校所有一年级学生的选修课，共30个小时，目的主要是培养学生阅读课本和其他教材，听和记笔记，做口头陈述，写学期论文等学术英语能力，为学生将来的专业课程做准备。

3. 教学方法和教科书

新加坡教育体系中英语教学法的改革和发展可以分为三个时期：1959—1970年、1971—1985年和1985年至今。1959—1970年期间，英语教学基本沿用了英国殖民时期的方法，主要是传统的翻译法，侧重于书面语言和经典英语文学作品的学习及教师的讲解。1971—1985年期间，结构主义是占主导地位的教学方法，强调句型练习和重复的强化训练。更加注重单词和句子层次的教学，精心挑选和分类的英语语法结构以更有效的方式呈现给学生。这一时期强调由易到难的阶梯式教学。20世纪80年代初，交际教学法开始在新加坡兴起，强调在一定语境下将英语作为交际工具进行教学，注重英语听、说、读、写的综合应用，较少关注语法知识。21世纪以来，新加坡英语教学领域出现了多种多样的教学方法，包括交际法及交际法与早期结构主义教学法的结合。总的趋势是英语教学由以教师为中心转变为以学生为中心，教师帮助学生养成自主学习的习惯。教师通常给学生分配个人或小组任务，并使用阅读材料引发小组讨论和写作。习题多是在一定的语境下，语法讲解是偶发性的，具体的语法点通常会在必要的时候进行讨论和讲解，对语法关注较少[51]。现阶段，新加坡大学英语课堂的教学形式比较灵活。讲座式教学通常与小组讨论和自主学习相结合。

此外，信息技术与教学的整合也是新加坡大学英语教学的一个突出特点。新加坡所有高等教育机构都有帮助学生自主学习的实验室或学习中心，它们为学生提供丰富的在线学习资源，并结合常规的英语课程提供在线教师指导。如新加坡国立大学英语交流中心的英语自主学习设施为学生提供各种在线英语教材、杂志和视听资料等。新加坡理工学院的独立学习中心还为学生提供教师在线辅导，充分利用计算机和互联网多媒体技术来规划和辅助英语教学。

由于教学目的和学生需求不同，新加坡高校开设的英语课程种类繁多，因此没有规定使用统一的大学英语教材。还鼓励教师根据学生的需要编写教学需要的教科书或使用其他适当的辅助材料来辅助教学。例如，新加坡国立大学的英语教师设计课程大纲和教材，以满足学生的需求，促进师生互动，从而帮助学生顺利完成学业，享受各种社会活动。高校英语课程常用的教材有专业报告写作样本、各专业领域核心学术期刊或跨学科学术期刊、相关网站等。

4. 课程评估

新加坡所有的高等院校都要求学生在申请入学时达到英语水平要求，这是通过各种考试成绩来衡量的。对于新加坡高校学生而言，理工学院要求GCE（普通教育水平考试）水平达到一定标准，其中英语是必修的七八门考试科目之一，必须符合理工学院的要求；申请进入综合大学的学生参加剑桥高级水平考试，其中英语的通用试卷测试侧重于逻辑写作，必须符合综合大学入学要求，此项政策始于2004年，由新加坡考试及评核局与剑桥大学国际考试委员会共同组织和管理。

母语或教学语言不是英语的国际学生必须提供在新加坡大学和理工学院学习本科和研究生的国际英语水平测试结果，如美国普通教育考试服务中心组织的托福成绩或英国文化协会组织的雅思成绩。

新加坡一些大学的学生必须参加学校自己设计和组织的英语测试，如新加坡国立大学英语语言交流中心的英语水平测试和一些理工学院的就业测试。根据这些测试的结果，学生将被编入与其英语水平相应的班级。

对于学生入学后英语课程学习的评价，各高校根据各自的具体情况采取不同的方法。然而，一般来说，形成性评价是占主导地位的，它侧重于评估学生的学习进展。在新加坡国立大学的两门必修英语课程——"基础英语"和"学术英语"中，学生在学习过程中的表现将占总成绩的60%，最终笔试占40%。"基础英语"课程的成绩主要包括出勤率和课堂参与度、临时语法测试成绩、课堂成绩及在自主学习中心等。而期末笔试侧重于阅读和写作；"学术英语"课程包括段落写作、阅读策略测试、作文、口头陈述、语法测试和出勤。最后的笔试也是以阅读和写作为主。

新加坡管理大学对英语学术写作课程的评估是所有一年级学生的要求，完全是形成性的，总成绩基于两篇论文、一篇研究论文、日常出勤、阅读和语法测验，没有期末笔试。同样，淡马锡理工学院也没有期末考试，成绩由学生在报告、作业、演讲中的表现来决定。

学生在英语课程结束时参加普通英语水平测试，如新加坡理工学院的强化"O-Level English"课程，学生重新参加剑桥普通水平考试以提高英语水平。新加坡管理大学的过渡课程结束后，学生将参加教育测试服务的SAT测试，成绩合格才有资格进入新加坡管理大学，每年1月、5月和6月共三次测试，录取的最低分数将根据申请人的情况每年进行调整。

5. 教师队伍

新加坡的大学和理工学院的英语教师的来源不仅限于新加坡，而是来自世界各地。所有英语课程的讲师都有TESOL或语言学硕士学位。例如，新加坡国立大学要求英语教师必须拥有应用语言学、TEFL/TESL、计算机辅助语言教学等相关学科的硕士学位及三年以上的本科或大专教学经验。南洋理工大学大多数是拥有硕士学位的讲师。大多数教师毕业于英语的大学或新加坡的大学。

此外，新加坡政府也提供了很多培养英语教师的机会，如新加坡教育部长组织东南亚地区语言中心是一个向成员国提供语言教育和教师培训的组织。地区语言中心的主要任务是协助东亚和南亚地区语言教师的教育发展。它提供一系列英语教学的高级课程，承担和促进英语教学研究，并提供各种信息服务。该中心提供的研究生课程可以获得毕业证书或应用语言学硕士学位。短期课程可以获得应用语言学和商务英语教学的结业证书。

1982年，新加坡大学英语教师协会成立，其成员主要来自新加坡的几所大学和技术学院及英国文化委员会，在促进新加坡大学英语教师的教学和研究交流方面具有一定的影响力。

6. 效果和影响

新加坡的语言教育政策和计划有两个特点：第一，官方主体是新加坡语言教育政策制定和实施的主导力量；第二，新加坡独立以来的语言教育政策和规划一直是以"英语为本"的理念为基础，对英语的重视从基础教育开始，贯穿整个教育体系包括高等教育的各个环节。

与英语相比，新加坡学生在高等教育机构中学习新加坡母语以外的语言的机会相对较少，只有少数尖子生在进入高等教育机构之前学习了除英语和母语外的第三种语言。近年来，由于新加坡政府越来越重视欧洲和其他亚洲国家的语言，高等教育机构开始为学生提供更多的语言学习选择。特别是近年来我国经济的快速发展，以及新加坡自1979年开始的"说华语运动"，使得汉语成为越来越多学生学习外语的首选。目前，新加坡八大高校开设的外语课程多达12种，其中汉语、法语、德语和日语是最受欢迎的外语课程，东南亚的一些其他语言也有所增加。[51]

新加坡政府的外语教育政策和英语教育政策对新加坡社会产生了深远的影响。一方面，不可否认的是，英语在新加坡对外经贸发展和高等教育国际化中发挥了重要作用。另一方面，由于政府不断地推广英语，英语已经与教育成就和物质财富紧密联系在一起。英语已经成为新加坡人最重要的语言之一。然而，越来越多的新加坡人实际掌握的并不是标准英语，而是新加坡式英语，这与新加坡希望同时掌握英语和官方母语的愿望背道而驰。

近年来，由于我国的经济影响力越来越大，新加坡开始大力推广汉语或对外汉语，这表明对语言实用价值的追求一直是新加坡语言教育政策和外语教育的重要动机。

五、非英语母语的亚洲国家大学的外语教育

（一）日本的大学外语教学

1. 背景

日本的民族构成比较单一，大和民族占总人口的98％以上，构成了民族的主体。在日本，绝大多数日本人日常使用的语言是占主导地位的日语，尽管也使用其他一些语言，如阿伊努语和朝鲜语。一个多世纪以来（1868—1978年），日本语言政策的核心一直是促进日语成为国家的通用语，同时消除该语言的其他方言。1903年，日本文部省发行教科书《现代标准日语》，推广标准化日语。1923年，日本政府规定受过教育的东京居民应使用日语口语。农村地区的方言被认为是学习标准日语的障碍，并作为旧传统的残余而被消除。这一语言政策在1926年后也得到了日本公共广播机构日本广播（NHK）的大力支持。目前，日语在日本人民中高度普及，只有少数人懂日本其他方言和外语。由此可见，日本社会是一个单一语言文化的社会，实行单一语言政策，即把日语作为唯一的官方语言和教育体系中的教学语言。英语及其他欧洲和亚洲语言在日本是外语。

日本人学习的第一门外语是汉语和韩语。早在5或6世纪左右，汉语

就从朝鲜传入日本。16世纪,葡萄牙人用铁炮打开日本,日本开始接触西欧,葡萄牙语传入日本。一些葡萄牙语单词仍然存在于日语中。江户时代(1603—1868年),日本通过荷兰语出现了学习西欧学术思想和著作,尤其是西方医学知识的时期。

19世纪,随着日本现代化进程的加快,英语在日本的传播逐渐扩大。1872年,教育、文化和体育部将英语定义为高中学生应该学习的科目。尽管英语在1939—1945年的战争中衰落,英语教学在当时的日本教育体系中消失了,但英语在"二战"后不久又回到了日本的教育体系,其地位逐渐提高,成为日本主要的外语教学语言。英语是日本中学最常用的外语,而汉语、法语、德语和其他外语主要在高等教育中教授。

20世纪70年代以来,随着日本经济的繁荣和科技的进步,日本经济的进一步发展需要高素质的劳动力来保持在世界的竞争力,这些因素引起了日本人对国际化的强烈要求,并进一步促进了日本外语教育,特别是英语教育的发展。英语在中学从选修课变成必修课,在大学成为学生的首选。

总的来说,日本的外语教育主要是英语教育,外语教育政策和计划主要是围绕英语展开的。

2. 规划主体

从1910年开始,日本政府开始越来越重视并参与语言教育的规划。在日本,语言规划是政府的唯一责任。日本负责教育的最高政府机构是文部科学省,它完全控制着中小学教育,并对高等教育拥有相当大的权力。外语教育政策和规划由文部省制定,各级学校具体实施。

自明治时期以来,日本语言教育政策的核心是推广标准日语并集中实施,推广标准日语并简化书面日语。文部省科学还规定,日语阅读和写作必须先于外语教学。尽管日本第一所国立大学——东京大学是按照西方(尤其是欧洲)的模式建立的,随后的高等教育机构也是按照该大学的模式建立的,但日本政府仍然决定使用日语作为教学语言。可见,外语教育在日本的重要性已经仅次于日语教育。

随着日本经济的发展和与世界交流的增多,"国际化"已成为日本的一个重要长期目标。日本政府寻求加深对不同国家历史和文化的了解，并改善以下目标：促进教育、文化和体育领域的国际交流。可以说，日本政府"教育国际化"的目标刺激了日本外语教学的发展。

值得注意的是，日本政府的一些措施主要针对英语教学，不包括英语以外的语言教学。日本的《基础教育法》规定，大学和学院享有教育和研究的自主权，其权利受到最高法院的保护。因此，除规定大学应提供包括英语在内的外语课程外，大学原则上不应根据实际情况制定统一的外语政策和课程[53]。

3. 语言设置

日本大多数四年制学院和大学要求所有学生学习两门外语。除第二门外语课程的4学分外，非英语外语课程在第一门外语课程（通常是英语）中必须至少有8~12学分。学生不再需要修读八门外语课程，但日本的许多大学仍然要求学生学习两种公共外语。例如，广岛大学的学生可以学习德语、法语、西班牙语、俄语、汉语、韩语和其他外语。

法语和德语曾是日本仅次于英语的两种最受欢迎的外语，日本高中也曾开设法语和德语选修课，所以很多学生进入大学后都把法语或德语作为第二外语。21世纪以来，汉语在日本不断升温。据不完全统计，全国686所高校近70万新生中，有近30万人（约40%）学习汉语。除汉语外，由于2002年韩日世界杯、韩文出版物不断增多、日韩经贸关系稳定，韩语也成为日本大学外语学习人数大幅增加的语言。

4. 课程目标、目的和设置

英语和其他外语公共课程是日本四年制大学通识教育课程的一部分。第二次世界大战结束后，根据联合国最高指挥部的强制性命令和美国哈佛大学的课程模式，在日本建立一这些学校。学校由人文科学、社会科学和自然科学组成。除了专业课程，日本大学的非英语课程通常还必须学习教育课程，这与我国大学的公共必修课相对应。英语和外语课程是普通教育的重要组成部分，课程的主要目标是通过外语学习了解外语和文化。

日本临时教育审议会成立后，由于高等教育的"自由化"发展方向，各学校在教育课程的设置上有了更大的自主权。只规定基础教育课程必须修满30学分，各科课程内容和学分的具体分配由各校自行确定。所以日本大学的外语课程各有不同，但基本上都要求学生学习包括英语在内的两门外语，要求的学分一般占总学分的十分之一以上（李一元，1996）。

根据李一元等人在1996年对日本各大学通识教育的调查，在公立大学中，东京大学要求学生至少学习两门外语。文科学生要修满14学分，理科学生要修满12学分。与大多数大学要求学生选修两门必修外语课程不同，御茶水女子大学只要求学生选修一门必修外语课程，但要求学生至少选修英语12学分，其他外语16学分。私立大学中，日本大学要求外语课程修满8学分；关西大学的毕业要求之一是学生必须完成12个学分的外语课程。大多数学生在一年级和二年级学习外语课程。九州大学的学生在英语、德语、法语、汉语、俄语、韩语、西班牙语七种语言中选择至少两种语言进行学习，课程学分根据学生所属的专业范围从10学分到14学分不等，而外语教学的拓展为"学科词汇文化"，学校设立机构负责策划和推广，目的是将语言学习与对相关文化的了解结合起来。

日本大学的公共外语课，无论是英语还是其他语言，每周最多两节课，大多数学校有大约60节课，基本上都让学生接触不同的语言和文化。日本大学有两种典型的非英语课程：基础课程和外语入门课程。学生可以根据学校的要求选择其中之一。以广岛大学德语课程为例，外语学习每周2课时，共30周，外语入门每周1课时，共30周。大多数学生在一年的外语课程结束时很少有或没有机会继续学习，因为许多专业课往往与外语选修课的时间冲突。

5. 教学方法和教科书

对于高等教育课程中的外语教学方法和教材，日本文部科学省没有统一的课程，通常由不同学校的外语课程教师确定。例如，在许多大学，每周的公共语言课通常由教师组织。每周两节课通常由两位教师一起上。很少有关于如何阅读和教授语法的口头教育。通常，教师阅读课文、解释课文、解释生词和语法点，然后做课本上的练习。

此外，日本大学外语课程普遍存在大班额现象。比如，公共语文课的班级人数在50人左右，有些大学的班级人数高达80～100人。根据1999年对284所日本大学的调查，其中25%的大学开设了德语课，每个班有60多名学生。由于没有统一的教学大纲，日本大学通识教育的外语教材也不统一，很多教师编写适合自己使用的教材。由于日本大学选修英语以外的外语的学生大多是18岁以上的初学者，所以使用的教材多为初级水平。

6. 课程评估

大多数高中毕业后上大学的日本学生必须参加由日本大学入学考试中心组织的高考。日本大学入学考试中心负责组织日本大学入学考试的研究和开发，并组织各学科机构。外语是学习的学科之一，除了英语，它还包括法语、德语、汉语和韩语。虽然日本的中学除英语外还开设德语、法语或汉语选修课，但没有一门课比英语更常见。因此，大多数学生在高考时选择英语作为外语科目。但是，对于大学开设的英语以外的外语课程，没有标准化的考试来评估学生的外语水平。

7. 教师队伍

日本大学通识教育外语教师短缺。以汉语教师为例，日本大学非常缺专职中文教师。根据日本语言学会的一项调查，非专职教师在27所大学的522个班级中教授306个班级，占总数的59%。有调查显示，东京66所开设汉语课的大学中，有18所没有专任教员，课程全部由非专任教师授课。非专任教师水平参差不齐。例如，神户大学学习汉语的学生人数从1997年的200人增加到2002年的800人，但在5年内只有3名专职汉语教师。广岛须藤大学的汉语学生人数从1997年的561人增加到2005年的731人，但只有两名专职汉语教师。由此可见，日本大学的外语教师非常缺乏，尤其是以一门外语为母语的教师。教育部对中小学英语和其他语言教师有相对统一规范的师资培训，但对高校外语教师培训没有统一要求。

（二）日本的大学英语教育

1. 规划主体

明治时期以来，英语在日本被视为宝贵的信息来源和西方思想的传播渠道。但日本的英语教学并不总是有效的，因此自20世纪80年代以来，日本教育系统各个阶段的教师和学生都强烈呼吁改革。1990年，日本英语语言教学研究理事会发表了小池等人长达11年的调查结果，成为"了解日本不同教育水平的英语语言教学政策的最大、最有价值的结果"。结论是日本学校的英语教学效果不佳，74.9%的大学毕业生对英语教学持否定态度。78.3%的大学毕业生认为大学英语教学应该更加注重交际能力的培养。日本商界多年来一直抱怨日本的英语教育，认为日本大学毕业生对英语不够精通。

在这种情况下，日本时任首相的委员会在署名文件《日本在21世纪的目标》中建议以日本公民在世界各地自由高效地进行信息交流能力的培养为目标，指出这一目标包括对现代信息技术和英语这一国际通用语言的掌握。该委员会甚至提议将英语作为日本的第二官方语言，在日本国内外引起了激烈的争议。这个提议从日本工业的角度来看是有道理的，因为日本已经把英语作为商业的通用语言，随着全球竞争的加剧，日本公司需要更多听说能力较强的员工。

虽然英语作为日本第二官方语言的想法没有实现，但这说明日本非常重视英语教育。文部科学省是日本中央政府教育行政机关之一，负责统筹日本国内教育、科学技术、文化及体育等事务，其职能大致相当于我国的教育部、文化和旅游部。文部科学省下属的高等教育局负责制定和实施高等教育层面的政策，包括外语教育政策，规定英语课程是日本大学的必修课，并将英语确立为日本外语教育的第一外语。

1996年，日本在《展望21世纪我国教育的应有状态》的报告中强调了外语教育改革的重要性，并提出了具体措施，包括重点支持那些开发和实践优秀英语教育课程的大学，特别是所有课程都用英语授课的大学。

21世纪以来，为了提高日本的英语教育水平，文部科学省积极听取有识之士的建议。2002年1—5月，文部科学省召开了五次英语教育改革会议，听取专家学者的意见和建议。根据这些建议，2002年7月编写了一份题为"培养会使用英语的日本人的战略构想"的报告。报告呼吁提高全民英语能力，并明确高校英语教育的目标应该是培养未来能够使用英语的人。其中包括为大学生提供海外奖学金，以增加使用英语的机会，以及改革高考中的英语水平测试。

总而言之，随着信息和资本的转移及人口和产品流动速度的增加，各国之间的相互依赖程度日益加深，在全球化趋势加快的情况下，作为大学英语教育规划的主体，日本政府和相关部门认为英语是全球化时代的现代通用语，然而由于缺乏英语能力，许多日本人与外国人的交流有限，他们的想法和观点无法得到正确的评价。因此，提高英语教育质量，改善英语课堂教学，提高英语教师的教学能力，完善英语评价体系，增强英语学习的动力，已成为21世纪日本大学英语教育政策和规划的主要内容。

2. 课程对象、目标和设置

日本约有586所本科大学、595所短期大学、62所"扁平高等专门学校和2 902所专门学校（1997年）。根据日本文部省高等教育局制定的大学课程设置标准，即《日本大学大学课程设置标准》第32条的规定，要求学生完成四年本科学习至少124学分（硕士课程30学分，博士课程30学分）。两年制短期大学需要62学分（三年制课程93学分）。1948年"二战"结束后，美国军事顾问委员会监管日本时，规定其教育课程（即通识教育课程）必须包括人文科学、社会科学和自然科学各12学分，外语8学分，体育4学分，共计48学分。1971年大学课程重组后，教养课程的总学分要求减少到36学分。1991年日本高等教育课程改革后，文部科学省不再要求学生修8学分的外语课程，具体要求由各院校自行决定。无论学分要求如何变化，英语课程始终是日本大学通识教育的重要组成部分，是所有学生的必修课，这反映了日本大学英语教学的重要性。

日本大学本科外语课程的平均要求学分：国立大学12学分，公立大学12.7学分，私立大学12学分。通常情况下，大学外语课程包括8学分的英语课程和4学分的其他外语课程。日本大学的非英语专业学生在第一年和第二年通常要上两到四种类型的英语课。

作为通识教育的一部分，日本高校的英语和外语教学的主要目的与其他教育课程是一致的，即培养学生成为"身心健康、人文丰富、基础扎实、文化多元、关注现实社会、适应能力强、教育深刻、具有国际视野的人才"。

21世纪以来，根据文部科学省发布的"以英语能力培养日语人才的战略构想"，日本高等教育英语教学的主要目的是"培养基本的、实用的交际能力"，希望大学生毕业时能够在专业领域有效地运用英语。

3. 教学方法和教科书

日本早期的英语教学可以追溯到明治时期，教学方法主要是语法翻译法，因为当时日本的对外交流相对有限，学习英语的目的主要是学习和吸收西方先进的文化和科技知识，英语被视为一系列规则的形成掌握和记忆。成立于1923年的哈罗德·帕尔默语言教学研究所推行"口语教学法"。1952年，福特基金会在英语教育委员会的支持下成立。一些美国语言学家在英语教育委员会的发展中发挥了重要作用，他们将口语教学法引入了日本英语教育中。

在过去的一段时间里，语言教学中的交际法在英语教学和应用语言学领域很流行，日本一直试图把交际技能的培养作为英语学习的重点。然而，交际法在日本大学并没有得到积极的回应，传统的以教师为中心的语法翻译法仍然被广泛使用。因此，日本的英语课更像日语课，调查发现，大多数的日本大学教师仍然以这种方式教英语。与交际法相比，大学英语教师更倾向于使用文化导向的英语教学法。日本的大学英语教师大多将文学作品的精读、翻译和欣赏作为外语学习的关键，而较少关注实际交际技能的培养。

在日本的大学里，大部分英语课程都是阅读课。教师通常会在课堂上让学生将英语翻译成日语，在90分钟的课堂上翻译5~10页的文本。因为教科书的内容是以文学为导向的，学生很少接触对话、新闻报道、广告、手册和其他类型的阅读材料，所以他们缺乏实践不同体裁阅读策略的经验。一项关于日本大学生阅读能力的研究表明，学生在理解文学作品以外的阅读材料时普遍存在困难。

日本的大学英语教育不依赖特定的教材。日本每年出版的大部分是美国小说和英语散文，通常用日语注释。大多数教科书没有包括帮助学生理解阅读材料的练习。许多教师根据自己的喜好而不是学生的兴趣和学习英语的目的来选择教材。因此，教科书的内容往往以文学作品为主。

目前，日本越来越多的大学开始强调英语口语的学习，虽然大部分英语课还是传统的阅读课。日本的大学英语教师在向交际法转变的过程中仍面临许多困难，一些教师在交际法阵营和翻译法阵营之间挣扎。

4. 课程评估

在日本，大部分学生高中毕业后参加统一高考。大学入学考试中心是负责日本大学入学考试的研究、开发和实施的机构，大致相当于我国的教育部考试中心。外语是日本大学入学考试的必修科目，除英语外还有法语、德语、汉语和韩语，但大部分学生选择英语，英语成绩也是日本公立大学和部分私立大学的入学要求。然而，各个大学，特别是私立大学，有权决定是否参加大学入学考试中心的考试。

由于重视语法对日本英语教学的负面影响，日本的高考英语考试近年来逐渐改革。1999年，45所国立大学、10所公立大学和68所私立大学增加了听写部分（张文友，2001）。2003年5月，日本公布了统一高考听力考试实施大纲，规定从2006年起，高考将增加英语听力考试（张航，2008）。

近年来，日本大学开始接受除大学入学英语考试之外的语言能力考试成绩，如托福和雅思，来选拔新生。调查学生进入大学后的英语学习情况主要有两种方法。

第一种方式是由日本文部省授权的日本英语语言测试协会（STEP）组织测试，根据通过的级别获得相应学分。例如，御茶水女子大学给通过1级考试的学生4学分。这样没有课堂教与学，没有课堂教师评价，就授予了学分。

STEP的准一级和一级是针对高年级大学生的全国性英语考试，类似于我国的大学英语四级、六级考试。为了适应日本社会的需要，2004年对STEP英语水平考试进行了改革（张航，2008），分别提高了听力和写作这两个级别的分数（听力一级从26%提高到30%，写作从8%提高到25%；同时分别降低了词汇和阅读的分值（一级词汇由25%降至22%，阅读由41%降至23%；一级词汇从30%降到25%，阅读从40%降到26%）。这次改革的目的是"从单纯测试学生的语言知识和语言技能转变为测试学生的语言交际能力和应用能力"。

第二种方式是以成绩为导向的评估,主要通过课堂教学。如果学生未能通过教师组织的最终英语水平测试,他们将不会获得学分。筑波大学就是这么做的,期末水平测试比任课教师的评价更重要。学生通常在自己的专业范围内选择要做的事情,然后搜集自己需要的资料,每学期做两篇报告作为学业成绩评估的标准(宫静然、白亚东,2005)。日本大学的英语课一般开设到大学三年级,评估方法也很灵活,很多日本大学采取学分制,学生如果在学校完成了规定的英语学分就被认为是合格的。

5. 教师队伍

日本的大学英语老师不要求有教师资格证,但必须有博士或硕士学位加上大学教研经历。此外,日本高等院校还聘请了很多兼职英语教师,往往由外教中的母语英语教师担任,不要求硕士学位或发表论文,但一般要求外教懂日语。对于日本本土的大学英语教师而言,他们是否会说英语并不重要,因为他们的课堂仍然以传统的语法翻译法为主,这种方法能够训练学生详细分析语言结构的能力。

为了加强英语教师队伍,日本文部科学省正在实施一项大规模的英语教学计划。根据该计划,教育部计划聘请5 000名本土英语教师在日本中学任教,而大学将独立聘请外籍英语教师。

此外,日本的语言教学研究所和英语语言教育委员会定期举行许多会议和研讨会,为在职教师培训提供机会。近年来,许多组织,如日本大学英语教师协会和日本语言教师协会,已成为组织学术会议、介绍外语教学领域新发展和开办培训英语教师讲习班的主要力量。

6. 效果和影响

在日本,外语教学,尤其是英语教学,多年来一直备受关注。日本政府采取的提高国民外语水平的措施,基本上都是针对英语教育的。

由于日本企业界和科技学术界对日本大学英语教育状况的普遍不满,日本政府出台了许多改善英语教育、提高日本大学生英语水平的措施,更加注重学生实际语言能力的培养。这些措施对日本大学的英语教学产生了积极的影响。例如，高考英语部分增加了听力测试，STEP大学英语水平考试从2004年开始逐步增加听力和写作部分的比重，课堂教学更加重视听力和口语。

日本英语教育改革以来，日本文部科学省在英语教育政策中一直采取重视积极交际能力的观点，但这一目标与日本大学英语教育的实际情况仍有较大差距。日本学生在初中学习英语三年，在高中再学习三年，通常在进入大学后至少学习两年。然而，与其他亚洲国家相比，日本学生在2001—2002年的计算机托福考试中成绩排名倒数第二，在笔试中排名倒数第三。

造成这种差距的主要原因之一是日本的大学生缺乏英语学习的动机。日本不是经历过殖民统治的国家，日语是大学和学院的教学语言，学生在学习和生活中的任何需求都可以通过日语的使用来实现，所以英语在日本的使用率不高。由于日本的单语文化，日本社会有一种同质化的感觉，认为掌握其他语言会让一个人不那么日本化。"日本的国语作为日本人民的独特资产受到严格保护"，而掌握英语意味着"非日本化"。

此外，由于传统教学模式的影响，日本的大学英语教师仍然采用以阅读和翻译为主的教学方法，学生的会话语言能力无法得到有效发展。许多英语教师不熟悉应用语言学和语言教学的进展，很少有交际教学活动的培训机会。但值得注意的是，虽然日本学校的英语教育长期以来偏重语法教学而忽视学生英语听说能力的培养，但日本学生的英语阅读能力很强。大学生一般能看很多英文原版书籍，有很好的翻译能力。

在英语以外的外语教学方面，日本大部分大学都要求学生除英语作为第二外语外，还要选修一门外语课程。然而，目前的问题是日本的大学生没有足够的时间在课堂上学习一门新的外语。在日本的大学里，大多数学习第二语言的学生是这种语言的初学者，而且大多数人在进入大学之前除英语外未学习过其他外语。第二外语课程通常只提供"一年"，上课时间仅为学习一门外语所需时间的三分之一到六分之一。以广岛大学的德语课程为例，学生一般只上45~90个小时的德语课，远低于达到初级德语水平所需的300个小时。

此外，虽然日本的大学为学生开设了法语、德语、汉语、韩语等语言的外语课程，但学生在课堂之外很少有机会练习和使用这些语言，尤其是欧洲语言，导致学生缺乏学习的动力，而学习两门外语的要求也给学生带来了一定的负担。因此，日本大学英语以外的外语教学效果并不理想。

第三节　国外外语教育政策对我国的启示

一、欧洲外语教育政策

（一）欧洲的语言多样性

欧洲语言种类繁多，主要属于印欧语系、乌拉尔语、阿尔泰语系等。其中，按照母语人口来排名，印欧语系是世界上第一大语系，占世界人口的41.8％。构成印欧语系的主要语系有日耳曼语、罗曼语和斯拉夫语，说这三种语言的人约占欧洲总人口的85％。欧洲的乌拉尔语主要有芬兰语和爱沙尼亚语，阿尔泰语系有土耳其语和其他东欧国家的语言等。

即使在欧洲共同体的构想阶段，语言问题也是共同体机构面临的最大挑战之一。1957年《罗马条约》将多语言作为欧共体政策、立法和实践的一部分。多语言是指社会、组织和个人在日常生活中经常使用多种语言。这种语言可以是一种语言的变体，也可以是习惯于使用流行代码的一群人的变体，包括地区语言、方言或手语。此外，多语言可以指在一个共同的地区或地缘政治领域存在不同的语言群体。欧洲共同体委员会于1958年4月15日通过的《欧洲共同体第1号条例》正式确立了11个欧洲成员国的官方语言（包括英语、法语和德语）与欧洲机构的工作语言之间的平等。该法律标志着欧洲共同体语言多样化政策的开始，并成为该政策最早和最直接的法律基础。从那时起，这一原则得到了每一个新的欧洲成员国的承认，只有在欧洲共同体理事会一致通过后才能改变。

欧洲共同体的主要目标是建立一个巨大的欧洲内部市场，在这个市场中，商品、员工、服务、资本可以跨越国境自由流动，因此欧盟及其前身欧洲共同体的一些行动受到了近半个世纪的启发。1992年签署的《马斯特里赫特条约》和1997年通过的《阿姆斯特丹条约》进一步明确了欧盟关于语言多样性的政策，以促进语言学习和个人的多种语言使用。发展多种语言已经成为欧盟教育政策的关键。特别是1991年签署的《五月条约》体现了欧洲公民身份的概念，承认了所有欧盟公民在加盟国领土内自由移动、居住的权利。学习和掌握至少一种欧洲语言，是欧盟公民真正自由行动的先决条件之一。2000年出版的《欧洲基本人权宪章》规定，欧盟必须尊重文化、宗教、语言的多样性。明确禁止包括语言歧视在内的任何歧视，认为语言多样性是欧盟的基本价值观，与尊重人权、文化多样性、包容他人、接受他人同等重要。

20世纪80年代末以来，东欧剧变、苏联解体，国际形势发生重大变化，欧洲一体化进程加快。截至目前，欧盟成员国已增至27个。由于欧洲东扩，一个大的统一市场的形成，资本和人员流动性的增加，区域振兴及知识型社会的形成和发展，都使各国的语言和文化面临着严峻的挑战。今天的欧洲社会也面临着全球化、技术创新和人口老龄化带来的巨大变化。如今，欧盟已经形成一个庞大的统一市场，不断增强的资本和人员流动性促进了欧洲全面的跨境交流与合作；同时，大量移民进一步加剧了欧洲多元语言传承的复杂性和外语教育的紧迫性。根据欧洲理事会语言政策司2006年进行的"重视所有欧洲语言"的调查数据显示，21个欧洲成员国使用的语言包括官方语言、民族语言或主要语言、社区语言、少数民族语言、移民和难民语言及非领土语言，如旅行者和流离失所群体的语言及社会残疾人使用的手语，欧洲社会至少使用440种口语和18种手语。除了占主导地位的语言，整个欧洲还有大约600种语言。总的来说，现在欧洲使用的外语数量比十年前任何人想象的都要多。1995—2007年，仅欧盟官方语言的数量就增加了一倍多，达到23种，地区语言和少数民族语言也有了很大的复兴。可以说，几乎所有的欧盟成员国都成为多语言的文化社会。

语言多样性反映了欧洲伟大而悠久的历史和文化，也是欧洲重要的语言资源。语言的多样性也表明了在欧洲教授外语的重要性。外语教学不仅有助于维护欧洲多语言和多元文化的历史传统，而且有助于通过学习不同的语言来促进不同国家和文化的相互开放，从而使人们更紧密地团结在一起，加强人与人之间的相互尊重和理解，促进交流与合作。掌握欧洲国家的语言已成为享受一体化进程的便利和可能性的日益重要的条件。

（二）欧洲学校外语教育的现状

根据2008年《欧洲学校语言教育关键数据》报告，外语教育已经成为义务教育的重要组成部分。2006年和2007年，大多数欧洲国家要求学生在义务教育结束时学习至少两门外语。在德国、奥地利、波兰和列支敦士登，所有学生在完成义务教育后都有机会继续学习两门外语。

几乎所有欧洲国家都规定儿童在小学阶段必须学习一门外语。在大多数教育系统中，普通中等教育的国家最低课程要求是人人掌握两门外语。只有少数几个国家——爱沙尼亚、拉脱维亚、卢森堡、瑞典和冰岛——将两门外语作为小学必修课。在近20个欧洲国家，中央教育当局或高等教育机构要求学校提供至少一门外语，作为中学核心课程的一部分。在大多数国家，外语学习在小学教育中的时间比在小学教育中的时间长，最低要求是所有学生必须至少学习一门外语，直到义务教育结束（意大利和英国除外）。根据2007年对当时的成员国和地区的调查，除爱尔兰外，在所有接受调查的国家和地区，外语教育都是主流教育中的义务教育，学习时间为4~13年不等。

2008年的报告还显示，最近的外语教学趋势在过去20年中变得更加明显。1984—2007年，大约10个欧洲国家提高了学生至少提前三年学习外语的年龄要求。目前，西班牙和意大利是最早在3岁和6岁时教授外语和开设语言课程的国家。2007年以来，法国和波兰所有7岁的学生都必须学习一门外语。2008年以来，立陶宛义务外语学习的年龄已增至8岁。自2007年8月以来，冰岛学生从9岁开始学习外语。这些数字表明，在欧洲，外语教学的复兴已成为一种大势所趋，是初等义务教育的重要组成部分。

语言多样性也是欧洲学校外语教学最重要的特征之一。根据欧盟委员会的数据，英语是欧洲学习最广泛的外语，其次是法语、德语和西班牙语。总体而言，89%的学生学习英语，32%的学生学习法语，18%学习德语，8%学习西班牙语。在大多数情况下，英语是所有学生需要学习的第一外语，法语是第二通用外语。在大多数教育系统中，第一语言学习始于小学，第二语言学习始于中学。在大多数欧洲国家，学生首先学习共同语言，而在中学学习的欧洲和非欧洲语言较少，如荷兰语、汉语、土耳其语、波兰语、阿拉伯语和日语。在许多国家，包括所有北欧和波罗的海国家，以及希腊、法国、意大利、卢森堡、马耳他、葡萄牙和罗马尼亚，至少50%的学生学习两种或两种以上的外语。爱沙尼亚、卢森堡、马耳他、荷兰和芬兰15%的学生学习三门或三门以上的外语。在普通初等教育（ISCED，即联合国教科文组织国际教育标准分类二级）中，大多数国家每个学生的平均外语课程数在1至1.9之间，而卢森堡和荷兰的平均外语课程数最高，超过2.5门。在大多数小学，外语教学占总教学时间的9%至20%。只有六个国家（比利时、保加利亚、德国、卢森堡、匈牙利和马耳他）的外语教学时间超过1 000小时。在卢森堡，有许多外语课超过3 700小时，所有学生从一年级开始学习德语，从二年级开始学习法语，两种语言都被视为外语。一些国家的小学外语教师必须教授几种外语。例如，在英国，外语教师教授法语和西班牙语或西班牙语和葡萄牙语很常见，这意味着现代外语教师必须能够同时教授几种外语。

在许多欧盟国家，学校有自主权引入自己选择的科目，特别是外语课程，或者为外语教育设定最低水平，或者决定外语教学是否应纳入必修课。双语整合教学模式经常存在于小学和普通高中教育中，但并不广泛。事实上，只有卢森堡和马耳他的所有学校都采用了双语整合教学模式，双语整合教学模式在试点成功后融入主流教育的情况更为常见，如在波兰和西班牙。

综上所述，在义务教育阶段，欧洲学校外语教学的总趋势：外语教育已经成为义务教育中一种长期的教学行为，外语教育在整个学校课程中的比重也在不断增加，从最低的9%到最高的34%（卢森堡）；外语教育的特点是低龄化，语言多样化。大多数欧洲国家（苏格兰和土耳其除外）提供全日制义务普通教育证书。

就高等教育而言，在大多数欧洲国家，获得高等教育排名第一的学位一般需要三年或四年的学习，如在英格兰和威尔士。外语教育的本科学位需要三年时间，并获得文学学士学位。丹麦也是如此，学生可以在三年内主修一个专业，或者学习一个专业一两年，辅修另一个专业一年。最后，丹麦学生将完成一个不需要原创研究的项目。法国的本科学习分为两种，前两年获得普通大学文凭，第三年的学习可以获得学位证书。除了传统的现代语言学位，法国还提供两门与其他专业相结合的外语教育课程，如研究经济、旅游、政治学和法律的应用外语专业，使学生能够获得在该行业从事翻译、公共关系和营销工作所需的专业技能。在葡萄牙，外语本科教育四年，获得双荣誉学位（英语和一门外语学位，大多数情况下是德语或法语）。想成为现代外语教师的人必须学习一系列职业课程。在荷兰，学士学位课程持续四年，需要达到168学分的要求，才能授予硕士学位，通常被称为"博士"文凭，这是研究生的最低入学要求。课程一般分为基础和核心学习。匈牙利也使用与德国类似的系统。波兰和俄罗斯有两个平行的系统，传统课程中没有相当于学士学位的课程，所有学生都要上五年的课程。此外，一些大学最近推出了两个阶段的学习，可以授予学生学术学位，通常持续四年，然后是两年或两年以上的硕士学习。

（三）欧洲外语教育政策的发展

半个多世纪以来，欧盟及其前身欧洲共同体的一些法律文件一直尊重和维护欧洲多种语言的语言现实。在欧洲层面，欧洲各国政府通过一系列法律、协议、决议和建议，就外语教学达成了广泛共识。议会的基本条约和决议确认了几种语言的平等地位，并为欧洲外语教学政策建立了统一的总体框架。1954年12月签署的《欧洲文化公约》为欧洲共同体和随后的欧盟国家在文化和教育领域的国际合作建立了一个共同框架，并充分纳入了欧洲委员会的基本价值观，根据《欧洲文化公约》的规定，欧洲语言教学委员会为欧洲语言教学制定了明确的政策目标。例如，《欧洲文化公约》规定，应鼓励每个缔约国的公民学习其他缔约国的语言、历史和文化。各缔约国均应当在另一缔约国境内促进语言、历史和文化研究，并协助其他国家的公民在本国进行这类研究。

20世纪80年代以后，随着欧洲建设的不断扩大和深化，欧洲共同体越来越重视语言和外语教学。1983年、1984年和1988年，欧洲议会先后通过了三项关于积极发展欧洲共同体外语教学和交流的特别决议，许多政策、法规和措施在此期间相继出台。1991年12月签署的以欧洲联盟取代欧洲共同体的《马斯特里赫特条约》和1997年通过的《阿姆斯特丹条约》进一步确立了欧盟的语言多样性政策，并将促进语言学习和个人使用多种语言及发展多样化语言作为欧盟教育政策的重要基石。

欧盟委员会负责根据《欧洲文化公约》的精神制定欧洲层面的语言政策，包括语言教育政策的宏观规划，如母语教育政策、第一语言教学政策、第二语言教学政策、外语教学政策和少数民族教育政策。欧洲委员会1992年发布《欧洲区域或少数民族语言宪章》（第148号欧洲条约），该宪章为促进教育领域的外语教学政策提供了欧洲法律依据。在欧洲，外语，无论是作为教授的语言还是作为其他学科的教学语言，都广泛用于学前教育或初等、中等、高等和职业教育。1995年，欧洲委员会成员国召开了一次保护少数民族框架会议，并通过了《保护欧洲少数民族条约》（欧洲第157号条约），会上达成共识："努力改善少数民族的状况，维护和发展他们的文化，并保存他们身份中最重要的要素，即他们的宗教、语言、传统和文化遗产"。

欧洲理事会在1998年提出的语言学习和公民身份计划中明确指出，"不同的语言是欧洲丰富的文化遗产，必须受到保护""我们必须坚持语言多样性政策"。2003年，欧洲联盟通过了《语言学习和多样性行动计划（2004—2006年）》。该行动计划的三个主题是促进所有公民的终身语言学习、改善语言教学和创造更好的语言学习环境。"欧洲的共同价值观和承诺"的主要目标是提高对欧盟语言多样性的价值观和机会的认识，并促进消除跨文化对话的障碍。

20世纪70年代，欧共体委员会就宣布了欧洲语言学的基本标准，即语言能力。在20世纪80年代末和90年代初，欧盟启动了著名的伊拉斯谟、苏格拉底和达·芬奇计划。这些计划的主要目标之一是促进欧盟成员国在教育和培训领域的合作，并促进成员国之间语言多样性和终身学习的发展。主要内容包括：意识到语言学习的重要性；提高外语教学质量；增加外语学生人数；促进非通用外语教学；促进对外语教学的投资；创造学习不同语言的机会，鼓励成员国通过各种项目促进外语教学的创新。欧盟1995年发表的《学习型社会的课程》白皮书强调了外语教学在欧盟一体化进程中的重要作用。白皮书强调，每个欧洲公民除母语外，还必须至少说两种外语。2000年制定的"里斯本战略"旨在重建欧盟的经济和社会环境，并在2010年前使欧盟成为世界上最具竞争力的知识型经济体。"里斯本战略"还强调了欧洲公民的语言技能对战略实施的重要性，外语教学被认为是实现这一总体目标的关键战略。

世纪之交，欧盟发布了欧洲语言学习、教学和评估共同参考框架。这一纲领性标准不仅席卷了整个欧洲外语界，也为全世界的外语教育、语言规划和能力评估提供了新的参考。欧洲语言教学评估共同参考框架是帮助欧洲成员国发展多语制的政策工具。它的参考标准在国际范围内广泛用于课程设计和评估。它非常详细地规定了6级不同的语言能力，规范了从A1级最低到最高级别的C2语言运用能力标准，通过描述性工作的共同参考框架，提供了一个统一的、连贯的、透明的外语教育政策框架，制定了一个共同的语言教学大纲、教材和评估基础，它为来自不同语言背景、教学领域和国家内部的语言专家之间的教育反思和交流提供了一个共同的基础，并进一步加强了语言教学和规划方面的国家和国际合作。

为了客观、动态地记录和反映欧洲外语学生的学习经验和能力发展，语言政策还为个别学生设计和开发了欧洲语言档案（ELP）。该文件主要由三部分组成：①语言通行证，用于记录不同外语的学习水平、相关语言资格和跨文化学习经验；②语言传记用于总结学习经验本身，并关注目标语言；③语言文件，包括相关的国家研究和学习或专业经验。欧洲语言档案可以实现并动态反映外语的个人学习过程和跨文化交际技能的发展，这对学生的自我评估非常有用。

此外，欧洲理事会于2000年通过的"外语教师流动行动计划"旨在丰富外语教师的海外经历，将长期在国外接受教育和培训作为外语教师的重要目标，以提高外语教师的教学质量。2001年也被称为"欧洲语言年"，旨在提高外语教学的普及率，并促进成员国学习外语的氛围。在2002年的西班牙巴塞罗那会议上，欧盟国家元首和政府首脑呼吁采取进一步措施，促进学校外语教学的发展，使学生从很小的时候就可以学习至少两门外语，掌握基本的外语技能，从而促进外语教学，创造更加和谐的外语教学。2003年《欧盟语言学习多样性和多样性行动计划》建议成员国消除妨碍外语教师正常流动的法律和行政障碍，并加强监督和实施。其主要目标是提高欧盟对语言多样性价值的认识，并促进消除跨文化对话的障碍。

这种自上而下的政策推广，为整个欧洲作为一个更加多元化的社会创造了一个良好的语言环境的外语教育，不仅从理论层面为共同构建外语教育体系提供了保障，而且在实践层面为每个成员国的外语教学提供了可比较的教育标准和评估大纲，从而提高和保证了整个欧洲的外语教学水平和质量，为欧洲一体化的深入发展提供了一个极其重要的文化教育平台。

对欧洲语言政策发展的回顾将研究如何提高学生的语言交际能力，促进语言教学和教师培训的创新，以及促进以学习为中心的教学方法。其目的是促进个人流动性和意识形态交流、语言学习的民主化及欧洲文化和语言的多样性。20世纪80年代，欧洲外语教学政策侧重于支持官方或官方语言学习。21世纪第一个十年，欧洲外语教学政策变得更加包容，旨在促进所有语言的学习，包括区域或少数民族语言、移民语言和世界上其他重要语言。新政策强调，语言学习不仅促进公民的个人发展，而且在实现"里斯本战略"规定的经济和社会发展目标方面发挥着特殊作用。简言之，21世纪欧洲语言政策的核心是强调外语学习的社会和政治功能，特别是民主公民教育和欧盟公民的社会融合，以促进终身多语言发展。欧洲外语教育政策的目标是确保个人不同语言技能的和谐发展，制定一种更加连贯、透明和全面的方法。

（四）《欧洲语言教育政策制定指南》解读与案例

欧盟、联合国教科文组织和欧盟委员会多年来一直倡导使用多种语言。从2002年起，欧盟把每年9月26日定为"欧洲语言日"，2008年被联合国宣布为"国际语言年"。重视通用语言教学政策工具的标准化，鼓励成员国根据自身教育特点研究成员国的语言教学政策。

1.《欧洲语言教育政策制定指南》解读

《欧洲语言教育政策制定指南》（以下简称《指南》）是欧洲委员会斯特拉斯堡语言政策部制定的。其目的是为成员国规划和制定外语教学策略提供政策分析工具，为成员国外语教学的实施提供参考，并反思欧洲现行的语言教学政策。从社会融合、民主和民权发展的角度来看，欧洲语言教育政策解释了制定外语政策的必要性，根据欧洲语言多样性的共同原则和欧洲语言教育政策，制定和规划欧洲语言教育政策。该指南不仅涵盖了整个欧洲的语言教学，还涵盖了各级母语教学、第二语言教学、外语教学和少数民族教学的学校语言课程的各个方面，以及外语教学的组织和管理。它还规定了欧盟委员会语言教学的基本原则，并提供了在制定和规划语言教学政策时识别和分析非语言和语言因素的方法。它是指导欧盟成员国根据特定地理区域和自身特点制定语言教育政策的规划文件。

《指南》不是一个规定性的文件，而是一个共同的行动原则和共享的行动模式以供参考。在这份文件中，政策规划者所指的语言教育政策规划不仅涉及国家语言政策规划，还包括外语教育规划，以及母语或第二语言、多数民族语言或少数民族语言政策规划等。《指南》强调基于欧洲社会共同原则的语言多样性，解决民族国家社会及其教育体系必须面对的问题。更确切地说，《指南》有助于重建欧洲成员国的语言教育政策，该政策应体现与欧洲委员会至少相同的价值观的共同原则，该指南提供了对各国教育体系中外语教学方法的政策分析，为引入或重组外语教学设计，发展不同年龄阶段的学生的多语语言能力提供了参考框架。在这份指导性文件的基础上，欧洲各国还可以组织各国专家的工作组会议进行高层交流，从而使各国教育体系符合欧洲委员会等欧洲和国际组织制定的处理外语教学问题的教育方针。其目标是实现多元化、多语言的外语教育，提高和发展个人和组织的语言技能；推广多语言系统，分析存在的问题并提供解决方案；以欧洲语言档案为基础，创建外语教育的共同文化；促进所有国家语言政策规划机构之间的交流；应采用质量、共同标准和相互承认的文凭认证程序来解决不同国家的外语教育问题。《指南》的使用对象主要包含了制定外语教育领域的策略或参与决策的人员，主管教育、文化、工业的校长，以及公司负责继续教育的人员等，可以说其受众相当广泛。目的是让公众和媒体更加意识到，对整个欧洲而言，使用多种语言意味着支持欧洲的市场经济和民主制度，个人使用多种语言被视为与他人沟通的最常见的多元化方式之一。

《指南》分为三个部分，第一部分阐述了语言和语言教育政策所体现的基本政治特征，表现了语言教育政策的共同特点，也揭示了各国教育政策与欧洲所倡导的共同原则之间的差异程度。《指南》中公民身份的法律定义与国家语言密切相关，国家或官方语言与社会中所有其他语言有显著区别，语言意识形态与相关政治意识形态如民族主义、自由主义、社会主义等密切相关。承认语言教育政策问题是一个公开辩论的问题，而不仅仅是市场力量，即语言供求之间的关系，是根据欧洲共同条款讨论语言政策的先决条件。欧洲理事会一再确立了语言多样性和多语制原则。语言多样性实际上取决于接受其他人的语言，并对其他人的语言和文化保持友好的态度。语言多样性可以通过多语言社会教育，充分利用个人的所有语言资源并实现其潜力来实现。

《指南》的第二部分侧重于数据收集和制定语言教育规划政策的方法。本部分描述了语言教育政策的管理和实施的控制方法，其原则是在整个欧洲范围内看待外语教育。方法的讨论包括数据收集、识别和解释，以阐明决策分析中要考虑的各种因素。通过对语言课程设计的论证，说明语言课程不仅仅是一种知识传播，更是一种建构个体和群体身份的手段。语言政策的前瞻性分析应考察人口、经济等社会变化因素在较长时期内的发展趋势。

《指南》中规定的具体语言教育政策的目标是现实的：①促进多语制的发展，使所有人都有权在一生中根据自己的需要发展多种语言的交际能力；②促进语言多样性的发展，承认所有欧洲语言为交流和身份的手段，并依法保护使用和学习多种语言的权利；③促进相互理解，认识到学习其他语言的机会是跨文化交流和接受文化差异的基本条件；④促进民主公民的发展，个人的多语能力可以保证多语社会中公民广泛参与民主和社会进程；⑤促进社会和谐、个人发展、教育、就业、自由流动、获取信息的平等机会和文化发展都依赖终身语言学习；⑥大力推进义务学校教育中外语教育的制度化、多样化和低龄化，以保证欧盟国家的青少年在学校能够接受良好的外语教育，为其在后续学习和职业教育中提高外语能力打下坚实基础。

2. 案例研究：奥地利外语教育政策国家报告

鼓励欧盟成员国研究本国的外语教育政策是欧洲理事会、欧盟委员会语言政策部联合进行的一项研究，其目的是通过外语教育政策绘制出成员国或地区外语教育的关键信息，通过分析当前和过去的外语教育政策和实践，为未来可能的发展制定措施，促进各国之间语言教育信息和资源的共享，并在可能的情况下，鼓励各国采取适当的一致行动。国家语言教育政策基于每个区域的具体需求和情况，考虑到更广泛的欧洲背景及欧洲当前政治和社会变革的需要。区域、国家和欧洲各级社会和经济政策的发展可以反映在外语教学政策中。在欧洲层面，外语教育政策必须考虑到社会融合和促进社会平等，尤其是民主公民身份。在国家层面，外语教育政策反映了不同国家的立法、实施和体制框架的不同特点。这项活动于2002—2003年在匈牙利首次开展。有12个欧洲成员国和一个研究所；欧盟委员会的其他八个成员国，亚美尼亚、奥地利、塞浦路斯、匈牙利、爱尔兰、立陶宛、挪威、芬兰已经完成了关于外语教育政策的报告。这些国家的外语教育政策包括所有语言的教学：国家的官方语言、学校和其他教育机构的语言、几种外语、少数民族或地区的语言及听力障碍者手语。这些措施向成员国提供了具体的实施建议，与社会各界利益相关者就语言教学改革的实施交换了信息和意见，就当前和过去的语言教学政策和相关实施措施提出了中长期发展建议，并确定了语言教育机构在规划和实施语言政策时需要解决的几个新的和紧迫的问题。

笔者以2008年完成并公布的奥地利外语教育政策国家报告为例，说明欧洲委员会成员国在实施国家语言教育政策报告中的优先事项。选择奥地利的一个主要原因是格拉茨是欧洲现代语言中心（ECML）的所在地，该机构负责执行欧洲委员会的语言教育政策。

奥地利、法国、马耳他、希腊、斯洛文尼亚、瑞士和列支敦士登承认需要欧洲现代语言中心。根据欧洲委员会扩大协议，欧洲委员会的成员和非成员可以随时加入欧洲现代语言中心。短短几年间，又有25个国家成为ECML的成员，1998年，欧洲现代语言中心获得了永久合法地位。

奥地利参加了欧盟委员会关于国家语言政策和语言交换伙伴活动（LEPP）项目的报告草稿。关于奥地利外语教育政策的国家报告是该项目活动的第一个里程碑：它详细描述了奥地利语言教学的现状，并使之成为制定未来奥地利语言政策的关键参考工具。在欧盟委员会的倡议下，成员国根据《欧洲语言教育政策制定指南》反思其语言教育政策，并在此基础上制定国家语言教育政策的发展路径。20世纪90年代以来，东欧和南欧发生了政治变化。教育部和地区学校当局负责奥地利的语言政策，而人文学科和非政府组织已经发起了许多重要倡议。20世纪90年代初，随着东欧的政治开放，德语作为外语的教育有所增加。自那时以来，已经采取了许多措施来加强语言教学，特别是德语及其变体作为外语。

《奥地利国家语言史报告》有三个部分：第一部分（第一~六章）的核心是对奥地利语言政策和外语教学现状的详细介绍和分析；第二部分（第七章和第八章）的重点是对奥地利语言教育发展计划的反思，可以看到该文件在奥地利参与欧洲委员会和欧盟的语言实施的倡议和反馈；第三部分（第九章~十三章）集中讨论了奥地利语言教育中的具体问题。

第一章是对奥地利的概述，包括奥地利的地理环境和位置，周边国家，以及奥地利人口的基本介绍和使用的语言。

根据2001年的人口普查，大约88.6%的人口使用德语作为他们唯一的非正式交流工具；86.6%的人口使用除德语以外的其他语言进行口头交流。只有2.8%的受访者使用非德语作为他们唯一的非正式交流语言。约6.7%的人讲前南斯拉夫的语言或土耳其语，其中包括塞尔维亚语（2.2%）

和土耳其语（2.3％）。换句话说，新移民的数量比在奥地利生活了许多世纪的少数民族的人口还要多。奥地利人使用的语言还有克罗地亚语、匈牙利语、布尔根兰语、克罗地亚语和斯洛文尼亚语、波兰语和捷克语。

第二章是对奥地利各种教育制度的基本介绍，如机构的职责和管理；奥地利的教育分为学期制、义务教育和义务教育后的学校教育、高等教育、成人教育，以及未来教师的培训机构：如学前师范生、师范院校和成人教育机构。奥地利学校和教育管理体系的法律基础，包括外语的教学，普通学生必须具备足够的德语知识才能参与教学。德语是教学语言，是各类学校的必修课，德语也是高中文凭或职业学校口试等毕业考试的选择语言。

第三章介绍了奥地利的主要语言政策：德语是奥地利国的官方语言，其他语言法规还包括奥地利公民法、与欧洲一体化协议相关的法律、关于地区和少数民族语言地位的法律。需要强调的是，奥地利德语是德语的一种变体，在欧洲联盟的框架内，奥地利德语的一些特殊表达方式必须"以适当的方式"纳入欧洲联盟的语言法。

欧洲委员会通过的《欧洲地区和少数民族语言公约》，主张把地区和少数民族语言作为欧洲共同遗产来保护，支持欧洲文化的多样性和丰富性精神也在奥地利得到尊重和实施。奥地利法律明确规定卡林西亚州和施蒂利亚州的斯洛文尼亚少数民族群体，以及布尔根兰州的克罗地亚少数民族拥有使用自己语言的权利，初等教育可以保留他们的语言教育。

第四章主要介绍了奥地利学校教育体系中主要语言学习规则的内容：德语作为教学语言和一门学科的性质；移民母语教学语言问题，少数民族语言作为教学语言的规定，如奥地利手语和奥地利自治州的少数民族语言教学问题。第四章还介绍了现代外语教学如学期外语教育和语言的选择；奥地利中小学的外语教学：外语的选择、高等教育中的外语教学与语言；外语教师的培训和教育，被分为未来教师教育和在职教师培训和发展等主题；特别讨论了外语教学的衔接阶段，如从学前阶段到小学阶段的过渡和从小学阶段到初中阶段的过渡；外语教学课程与大纲。

第五章探讨了现代外语教学的创新，包括交际法的应用、现代外语教学作为媒介、外语教学的低龄化和从小学开始的早期教育、现代外语教学标准、促进现代网络技术的综合运用。

第六章介绍了正规教育体系之外的语言教学，如奥地利对外语的商业需求，现代外语在成人教育体系中的组织结构，以及各种公司和协会采用的各种创新。

第二部分由第七章和第八章组成，其中第七章是关于为奥地利营造友好语言环境的各种措施。第八章阐述了多语制和多样化的语言教育政策，如何实施欧盟和欧洲理事会、奥地利各自的语言倡议，以及奥地利在发展多语制和多样化语言教育方面强调的内容，如如何实施欧洲语言共同参考框架（CEFR）、欧洲和欧洲的教学大纲和文件覆盖的要求、外语作为教学的媒介和内容以及综合教学法（CLIL），以及如何更好地发挥欧洲现代语言中心的作用。

第三部分集中论述了奥地利语言教育政策的特殊问题，包括学期语言教育、语言立法和管理、教师的收入和地位。质量控制、奥地利课程框架的实施、教育学理论和研究、早期语言教育和语言意识、教育节点的联系、国家课程和欧洲理事会的作用等。

3. 总结

《奥地利国家语言史报告》全面回顾了奥地利语言政策的发展及其主要成就；介绍了语言教育的立法和机构设置，强调母语和少数民族语言的语言教学及权利保护。外语教育的各个阶段包括学前、小学、初中、高等教育阶段，各级各类学校的语言教育计划和要求都做出了明确的规划，值得注意的是，外语教学的各个阶段为语言教育的衔接制定了详细的标准，不仅涉及教学计划和教学大纲的设计，包括如何评价学生的成绩，还阐述了其他形式的语言学习，如企业教育、成人教育，以及除正规学校教育外的协会和社团的作用。此外，报告还强调了奥地利参与欧洲多语言教育的情况。这份报告很具体，指导性和可操作性很高，对外语教育的微观问题做出了具体的说明和要求，如语言意识的培养、师生比、教师工资、未来教师的培养、如何与家长建立联系等。因此，这样一份国家语言教育政策报告可以为我国中长期外语规划提供有益的参考。

二、欧洲外语教师教育政策

在强调民主、平等和非歧视原则的欧盟教育体系框架内，外语学习在保存文化差异和各国人民之间有效、非歧视的交流方面发挥着重要作用。外语教师在促进外语教学和提高学习者对语言的兴趣方面起着重要的作用。在某种程度上，外语教师对欧盟劳动力市场的未来有着重要的影响。因此，外语教师的教育变得越来越重要，而欧洲对外语教师教育也有明确而深远的政策。

考虑到外语教师培训的不同理论，在共识的框架内，欧盟于2002年发布了官方报告《外语教师培训：欧洲的发展》，明确提出通过提供公共基础知识，提高外语教师的素质，培养外语教师的技能和价值观。该报告确立了欧洲外语教师培训发展的共同方法，并确定了外语教师培训的发展方向。随后，11个机构和欧盟语言政策部主要负责培训外语教师。欧洲外语教师培训方案于2004年启动，应被视为是2002年报告中倡导的外语教师培训愿景的具体落实。该项目主要用于小学教育、中学教育、成人教育、教师培训和外语教师继续培训。它是欧洲外语教学和外语教师培训领域决策者的重要指南。该计划不仅确定了欧洲外语教师培训的40个关键要素，还包括11个具体操作层面的可比实践案例，为现有外语教师培训课程和新开发的培训项目提供指导。它注重外语教师的培训、外语教师知识和理解的发展及多样化的教学技能；在欧洲教师培训的背景下，它为新教师和兼职教师的培训提供统一的欧盟教育标准，以促进外语教师培训的实践和创新。

众所周知，欧盟国家的外语教师培训主要在大学进行，而且大多数都需要大学学位；小学外语教师一般为普通教师，小学外语教师必须接受相关学科的专门培训，具备教授外语或完成两门人文学科专业研究的资格，其中一门必须是外语。根据《21世纪欧洲外语教师培训计划》的要求，所有在职外语教师培训计划必须通过国家或地方认证，外语教师培训和继续培训计划必须通过欧洲语言考试；同时，建议改革现行外语教师培训计划的课程结构，特别是加强对外语教师学术学习和教学实践的建议，为未来的外语教师和代理外语教师提供更加灵活、规范的教育模式。在实践中，它强调了协商的作用，促进了学校协商的形成。学前教育为普通学生提供跨文化和多文化学习体验，为外语教师提供在目的地国生活或工作的机会。鼓励外语教师积极参与对外合作，开展交流，加强信息通信技术研究，促进不同语言的外语教师之间的交流和深入接触，继续促进欧洲教育机构和大学之间的合作。

1. 加强教师资格认证，促进外语教师交流

在欧洲，外语教师的教学情况一般涉及外语教师的母语、教师有资格教授的外语、目标国家、目标语言的子变量。例如，一名德国教师有资格在法国教意大利语，即一名外语教师拥有以不同的专业资格在第三国进行工作的机会，这是很常见的现象。如今，欧洲外语教师的流动性反映了欧洲外语教学的这一个特点。2000年通过的《外语教师流动行动计划》，以丰富外语教师的国外经验，并把外语教师的长期教育和培训作为一项重要内容，从而提高外语教师的教学质量。欧洲联盟2003年行动计划"促进语言学习的多样性和语言多元化"建议成员国消除外语教师正常流动的法律和行政障碍，并加强监测和执行。教师的流动必然涉及教师资格的互认。

2. 建立外语教师信息网络，促进教师终身学习

当今社会，信息技术对全球网络经济和社会发展产生了重大影响。IT服务可以有效地克服地理和语言障碍。欧盟通过了《2010年信息政策》，旨在创造一个更具包容性的欧洲IT空间，以加强成员国之间的合作与交流。为了进一步加强欧洲的外语教学，欧盟建议加强终身学习，以促进教师的专业发展和个人规划。新一代欧洲外语教师必须具备良好的ICT（信息与通信技术）学习技能，能够有效地利用信息技术伴随学生的学习过程，进行科学有效的学习测试和评估，利用信息技术改善师生之间的沟通和听力能力。外语教师培训最重要的方面之一是提高教师信息技术的质量，使未来的欧洲外语教师能够应对复杂多变的教育环境。不同的教学策略被用来适应不同目标群体的多语教学。

欧洲在21世纪的外语教师培训方面迈出了坚实的步伐。19世纪，欧洲建立了有效的质量保证机制。一些法律和协议加强了成员国教育和语言服务部门之间的合作与交流，鼓励高等教育机构参与外语教师的教育和培训，支持欧洲教师区域项目和网络，积极支持培训机构和合作机构开发双学位课程，完善外语教师专业认证框架，加强各国外语教师培训的实践导向，加强教学内容与实践性语言教学的整合。欧洲外语教师的培训和发展经验，对于制定适应新时期繁荣社会建设的中长期外语教学政策，尤其是外语教师培训政策具有重要意义。

2005年以来，欧盟下属的教育和信息分析机构欧律（Eurydice）和欧盟统计局在欧盟教育体系中进行了两次广泛的实证调查，涵盖了成员国外语教学的各个方面，详细的科研数据为高质量的语言教学和制定不同的语言政策奠定了坚实的基础。通过半个多世纪的语言教育政策发展，欧洲公众对外语教学的指导原则达成了普遍共识：①语言学习面向全体公民，发展多种语言的可能性对全体欧洲公民都是必要的；②语言学习是针对个体学习者的，语言学习应该基于有价值的、真实的目标，反映学习者的需求、兴趣和动机；③语言学习应实现成功的跨文化和跨语言交际，以开放的态度对待他人的不同语言；④语言学习是终身的，为了迎接终身语言学习的挑战，应该促进学习者的独立责任。这些语言教育的基本原则充分体现了欧洲语言政策的"以人为本"精神，使政治规划和实施过程民主和谐，与时俱进。这些外语教学的经验可以作为制定适应我国新时代的外语教学政策的参考。

三、对我国外语教育政策规划的启示

回顾近代以来的世界历史，有一个问题值得我们关注和思考的：是什么造就了当今社会相对稳定、和平与繁荣、区域经济体系和政治主流价值观趋同的超国家组织？探讨和回答这个问题，不同的人会有不同的答案。笔者认为，在过去的几十年里，欧盟和欧洲联盟理事会依据1954年12月19日签署的《欧洲文化公约》并通过了一系列随后的语言文化教育立法和政

策措施，促进了欧洲内部多种外语教育的发展，为欧洲在文化教育领域的国际合作提供了一个共同的框架，它充分体现了欧洲理事会的核心价值观：人权、民主和法律。文化教育领域的国际合作，尊重语言、文化、教育的多样性和差异性，不断加强欧盟各国人民之间的相互了解和共识。这种广泛的认识和共识是经济、政治、外交和社会保障一体化发展的思想基础和精神纽带。因此，研究欧盟外语教育政策的特点对我国外语教育政策的规划具有重要的启示。

1. 多元文化语言教育与经济政治一体化同步发展

经过半个多世纪的发展，欧盟国家得以结束数百年的纷争，基本治愈两次世界大战带来的巨大伤痛，逐步走上一体化与和平发展的新路。不仅因为经济政治共同战略的融合，还因为文化教育战略的共同发展。欧盟主张多种语言和文化的平等，导致了各种文化的融合和共识，而不是产生巨大结果的离心倾向。而思想文化的融合和共识反过来又支撑了经济、政治文化的发展。这一切都是明智的。

欧盟的经验表明，单纯经济合作或临时政治合作只是暂时有用，很难形成一个持久和全面的政治经济一体化实体。所以在我国致力于国内各民族的大团结和国际和谐社会的发展期间，就要把外语教学放在国家战略的高度，从国民经济和社会发展的宏观目标出发，制定国家级别的外语教学，确定经济、社会和外语教学协调发展的目标体系。

2. 与时俱进，制定外语教育发展的中长期规划和近期实施计划

从长远来看，如未有与时代发展同步的外语教育发展的中长期规则和近期计划，这将不可避免地导致整个社会和我国外语教育教学生态环境的丧失，导致外语教育缺乏多样性、和谐性和有效性。因此，为了制定和实施一系列外语教育政策和体系，我国必须借鉴欧盟的文化实践。随着时间的推移，这些政策和制度在行政立法、体制框架和法律框架方面发生了变化。在包括外语教学在内的我国文化教育发展长期规划的指导下，将实施短期实施计划和可持续发展战略，我国可以与国民经济和社会发展中短期规划同步协调发展，逐步形成符合我国国情和全球发展趋势的外语教学新标准。

3. 我国的外语教育政策应反映国家意志、主流社会价值观和公民个人生活发展的需要

我国是一个外语教育大国，但不是外语教育强国。外语机构和工作人员数量巨大、社会成本巨大而且动机和目的是不同的，虽然学习的内容和形式多种多样，钽缺乏相互认可、优化。因此，必须充分尊重公民学习不同语言和文化的自主权，更好地协调国家意志、价值观和个人发展。我国还应当根据我国的国家利益和人民的意愿，制定科学合理的外语教育政策。在科学发展观的指导下，充分认识和贯彻"以人为本"的精神实质。

第四章　外语教育的规划与展望

第一节　语言规划与语言教育政策

一、语言规划、外语规划和外语教育规划

"规划"是指有确定的问题、明确的目标、互斥的选择对象、无可争辩的因果关系、可预见的理性的决策；"政策"是一个或一组明确或隐含的决定，其制定是任何规划周期的第一步；"决策"是对政策选项进行决策的行为，决策是制定政策过程的中心环节。语言规划是一项广泛的政策。因此，语言规划又称"语言政策"，是一种有计划、有目的的语言生活管理方案，是解决社会语言问题的有组织的行动，是政府关于语言地位、发展和使用的行政规定。语言规划主要包括语言地位规划、语言教育规划、语言声誉和形象规划。语言地位规划是指一个国家对不同类型语言地位的决定，包括语言政策的制定，因为语言规划通常是某种语言政策的体现，反映了一个国家或社会群体对语言问题的根本态度，所以是语言规划的第一步。语言教育规划的目的是探索语言政策和教学的理念、目标和内容之间的关系，以便在教育领域实现这些目标。语言声誉和形象规划是"刻意营造一种有利的心理环境，这种心理环境对语言策划活动的持久成功至关重要"。

（一）语言规划

语言规划是一个国家管理其使用的语言的工作。作为一门专业学科，语言规划还很年轻。但规划和管理的语言自古以来就存在。在我国历史

上，秦始皇统一六国，逐渐意识到"书中有文"是语言规划的典型范例。这是自有文字记录以来世界上第一次语言规划活动之一。

就术语而言，language planning（语言规划）和language policy（语言政策）经常互换使用，在英语中都缩写为LP。理查兹（Richards，2002：253）认为语言规划是一个次级概念，语言规划从属于语言政策。理查兹等人在《语言教学和应用语言学词典》中对二者的关系解释如下：语言规划决定国家或官方语言的选择、一种语言的推广、拼写的改革、新词的添加，并处理其他语言问题，通常由政府或政府机构执行。通过语言规划，制定或执行官方语言政策。

胡文忠认为，语言政策指的是政府行为，语言规划可以涉及政府行为和非国家专家的行为。克劳迪森认为，语言政策或语言规划是政府或政府机构的行为。语言政策通常指长期决策，语言规划可以指长期、中期或短期措施。

语言规划指某一语言或文字与某一国家或地区的其他语言或文字之间的关系，有指语言文字本体在某种语言文字内部的通俗化、标准化、规范化，是语言文字本体内部的一个关系问题。语言规划主要包括以下三个方面。

1. 通用语言的推广和标准化

通用语言的推广是语言本体规划中最重要的工作。通用语言的范围大小不一，有国家通用语言、有民族通用语言（或全民通用语言，如我国的普通话）区域性国际通用语言、世界性国际通用语言。

2. 制定文本规范和标准

文字标准的制定是书写规范和标准制定的主要内容。任何拼音文字都应该有自己的正字法。英语、法语、德语等以拉丁字母为拼音文字的语言，在漫长的历史进程中发展出了适合本民族语言特点的正字法。

3. 科技术语的标准化

科技术语的标准化对促进科技发展、社会进步、国家统一和民族繁荣具有重要作用。进入信息时代，没有科学技术术语的规范化和标准化，信息传递的效率就会受到很大的影响，从而影响国家的经济发展和社会进步。

语言规划又称习得规划，主要研究语言确定、师资队伍、课程建设、教材、测试评估、语言习得、语言维护、外语和第二语言教学、语言变化、经费来源、社区关系等。

我国政府高度重视语言规划，将其作为政权建设的一个组成部分。中华人民共和国成立以来，我国语文事业取得了巨大成就。主要成就包括顺利实施语言规划的三项主要任务，即推广普通话、制定和实施汉语拼音方案、简化汉字，进一步承认普通话的"普遍"地位和依法标准化汉字，汉字的成功重组及各种规范和标准的制定。我国的汉语课程为确保国家统一、民族团结、社会稳定，促进我国各方面发展发挥了积极作用。张旭忠等人认为，汉语规划在我国取得巨大成功有两个原因：第一，我国政府根据我国的国情，建立了一系列科学的规划和管理机制；第二，我国政府加强了语言立法，逐步建立语言监管体系，依法处理语言问题和社会使用。

我国规划汉语的成功与政府的关注密不可分。中华人民共和国成立以来，我国制定了一系列法律法规，使汉语规划工作依法进行。《中华人民共和国宪法》规定："各民族都有使用和发展自己的语言文字的自由""国家推广全国通用普通话"。2001年起施行的《中华人民共和国国家通用语言文字法》也确立了普通话和规范汉字的《国家通用语言文字》的法定地位[56]。

国家语言文字工作委员会和其他具有行政职能的语言文字规划管理部门，其主要任务是研究我国汉语的使用和标准化，并执行国务院制定的汉语使用法律法规。国家语言文字工作委员会的前身是1954年成立的中国文字改革委员会。为了适应形势的变化和工作领域的扩大，"中国文字改革委员会"已更名为"国家语言文字工作委员会"。国家语言文字工作委员会的任务是制定国家语言文字工作的指导方针，制定语言文字中长期规划，制定民族通用语言和少数民族语言文字的规范和标准，指导普通话的推广，组织、协调、监督、检查上述工作。

（二）外语规划

除了民族语言、汉语和少数民族语言，国家语言计划还必须包括外语。然而，外语规划在我国并没有引起足够的重视。这主要体现在三个方面。第一，没有关于语言规划的相关法律法规。我国政府暂未制定过外语教学的长期计划。缺乏外语规划不利于我国的长远发展，尤其是对外发展。第二，没有相应的高级外语项目部。国家语言与写作委员会的作用似乎与多年来被忽视的外语项目无关。外语教学是外语项目的一部分。多年来，国家外语教学工作隶属于教育部。第三，有关专家和学者忽视了外语规划。专家和学者可以分为两类：一类涉及语言规划，另一类从事外语教学。如果研究语言规划的专家和学者出于各种原因认为语言规划是一种工具，那么研究语言规划的专家和学者不应该如此漠不关心。然而，近年来关于外语规划的研究依然很少。

随着全球化进程的加快，外语在我国发挥着重要的作用。外语规划和研究势在必行。

1. 外语规划内容

外语规划由外语能力规划、外语人口规划、外语语言规划、外语教学规划和外语资源利用规划五部分组成。

外语能力规划主要指外语能力标准的定义，如各级外语标准的有序衔接。在我国的外语教学中，高中教学与大学教学存在一定的差异，需要考虑如何建立二者之间的关系。各级外语教学既不能走自己的路，也不能盲目消耗宝贵的教育资源，有关部门应充分考虑我国的外语教育实际情况，进行合理规划。

外语人口规划是指哪些人需要接受外语教育，接受到什么程度。非外语专业和外语专业接受的外语教育水平当然是不一样的，国外专业（如经贸、旅游、外交等）对外语学习也应该有不同的要求，关于某些专业的学生（如古代汉语、中医、国画等）是否应该学一门外语，这些问题都需要从外语人口规划的角度来考虑。

外语语言规划涉及通用语和非通用语之间的关系。英语、法语、西班牙语、俄语是国际通用语言，但对英语的过度掌握使其他语言处于弱势地位。非通用语是指一些小语种，如韩语、越南语等。在外语教学中，关注英语而忽视其他语言的教学很容易导致其他语言人才的缺乏。从国家间交流和国家安全的角度来看，我国需要均衡培养掌握通用语言和非通用语言的人才。在进行外语语言规划时需要优先考虑开设哪种语言及所占的比例是多少。

　　外语教学规划包括外语教学方法规划、外语教师规划、外语教材规划和外语考试规划。我国的外语教学方法借鉴了西方国家的许多教学方法，但没有创新而且有些外语教学方法不适合我国的国情。例如，尽管交际法在多年前被引入我国，但实施它的学校并不多，更多的学校使用改革后的交际法。因此，要建立一种适合我国国情的外语教学方法，必须走自己的路，建立一套符合我国国情的外语教学指导理论，对我国传统外语教学方法的精髓进行研究和分类。我国外语教师的水平和素质不容乐观，尽管总体水平高于过去，但外语教师的数量较少，特别是随着高校招生规模的扩大和小学外语教学的进步，需要培养一大批优秀的外语教师。外语教材规划是指教材的编写。教材内容是学生最重要的输入资源，反映了外语规划者对外语输入的控制和适应。教材编写者应在恰当的外语规划和外语教学理论指导下编写适合我国学生的外语教材。对于外语考试规划而言，在外语教学中应注重过程评估与学业考试和能力倾向测试的结合。当考试与学生的证书有关时，应试教育现象严重。要解决这些问题，需要制定一个统一的方案。

　　外语资源利用规划是指对外语教育或与外语教育有关的各类资源，如学校教育方针、社会声誉、师资力量、校风、学生、社会支持、学校设备、建筑、现代化教学手段等的规划和管理。有效地进行外语资源利用规划对外语教育有明显的促进作用。

　　2. 外语规划方法

　　语言规划一般分为语言地位规划、本体规划和语言教学规划。语言地位规划通常是某种语言政策的体现，所以实际上语言政策反映的是国家或其主体共同体对语言的基本态度。这种态度的表达是语言规划的第一步。张绪忠等人认为，在外语规划方面，要做到两点：一是要明确外语在我国语言生活中的法律地位；二是应该成立一个专门的机构来协调和管理外语规划和外语教育。

我国是一个外语教学大国，但就外语教学资源的使用和外语教学资源的比例而言，我国没有统一的外语规划和专门负责外语教学的机构。由于外语教学在我国发挥着越来越重要的作用，而且还有许多问题亟须解决，因此在中央政府层面设立一个专门部门非常重要。将全国外语教学置于教育部的一个部门或办公室的指导下是一项临时措施，但制定中长期发展计划还为时过早。一些专家认为，我国可以借鉴美国的做法，成立"国家外语中心"，或者成立国务院外语办公室或外语教育规划委员会，研究制定外语教学政策。特别行政机构可以由教育部、外交部、国家发展和改革委员会、安全部和其他部门的工作人员及外语教学专家组成，专门领导机构规划和协调我国的外语和相关外语教育政策。

（3）外语教育规划

中华人民共和国成立以来，我国的外语教育取得了巨大成就，但也存在一些问题。最大的问题是，我国缺乏一个全面和长期的外语教育规划。外语教育规划是关系我国政治、经济、外交、教育、文化、国家安全和国际地位的大事。如果外语规划不能解决，可能会出现更多的新问题。例如，近年来英语教学在中小学中的比例较高，对其他语言的关注不够。基础外语教学和高级外语教学之间的联系研究已有多年，但外语教学的"一站式"计划尚未实施。此外，高等教育中的公共语言专业太多，且没有规划。外语教育是一项长期的事业，需要更多的财政资金支持。

2010年，国务院审议并通过了《国家中长期教育改革和发展规划纲要（2010—2020年）》，明确了2020年我国教育改革和发展的指导思想和总体目标。外语教育规划承担着培养创新型外语人才和其他外语专业人才的重要任务，为了制定科学合理的外育教学计划，必须全面审视我国外语教学的现状。

为了更加客观和真实，全国外语教学调查应该以数据为基础。学术界认为，应当对外语教学进行分类，统计全国高校外语教育的学历、年龄、职称和学术研究，了解高校外语教学的学科特点，研究不同层次、不同地区、不同类型外语学生的需求，在此基础上进行科学规划。由于外语教学和社会发展的需要，还必须考虑外语教学人才的数量。另外，考虑到外语教学的类型和水平各不相同，大学、职业学院和中小学的外语教学必须接受分类检查和研究。

我国人口众多，是一个外语教学大国，但与外语教学强国的水平仍有很大差距。找出差距，能够明确未来努力的方向。笔者认为我国与发达国家的差距主要体现在外语教学规划、教学方法、师资培训、教学研究等方面。外语教育规划的主要缺点是布局不合理：学习场所的数量和范围不能完全满足国家对外语人才的战略需求；发达地区和欠发达地区之间存在明显的地区差异。教学方法方面，虽然我国引进了大量的外语教学理念和方法，但外国先进理念很难在我国生根发芽，发挥应有的作用。此外，信息技术的引入产生了与传统教学模式不同的教学方法。信息技术是外语教学的驱动力，因此必须将信息技术与外语教学进行深度融合。

随着外语教育的扩大和推进，外语教师的数量有了很大的提高，但外语教师的素质还有待改进。为提高外语教师的素质，应加强职前和在职培训，不仅要提高外语教师的语言技能，还应注重外语教学理论和实践的学习和研究，包括教育学和心理学理论的学习和研究。外语教学方法与外语教师自身的工作密切相关，这对提高外语教师的教学能力有直接的帮助。职前和在职培训只是一种外在的推动力量，外语教师教学能力的真正提高需要不断地进行自我学习。在培训时间和内容不足的情况下，自主学习是外语教师专业发展的必由之路。

我国外语教学的发展要求外语教师具有较强的科研能力，这也是由客观因素决定的。我国是一个有着悠久外语教学历史的大国。中华人民共和国成立以来，我国积累了丰富的教学经验。然而，我国对外语教学的研究却不够重视。到目前为止，我国还没有形成自己独特的外语教学理论体系，这与我国作为外语教学大国的地位不相符合。我国外语教学的发展不仅是专家和学者的责任，也是外语教师的责任。随着一大批具有外语教学实践经验的一流教师的参与，笔者相信外语教学学术研究的春天已经到来。

二、语言规划和语言教育政策

语言教育政策、语言规划是国家活动，是国家干预语言使用的主要手段，对国家稳定、民族团结和经济发展具有重要影响。

1. 语言教育政策的内涵

语言教育政策作为语言政策与教育政策的结合体，是指政府在一定时期内为实现国家语言教育目的而制定的关于语言教育和教学的计划和措施。语言教育政策不仅是语言政策在教育领域的体现，也是教育政策中专门针对语言教育的计划和措施。语言教育政策与语言教育既有联系又有区别。语言教育政策是政府解决语言教育问题的行为和行动，是国家干预语言教育的最重要手段。语言教育政策为学校提供了语言教学和使用的规划方法，以便为所有学生提供无歧视的优质教育。国家语言教育政策的制定和实施，不仅关系到民族团结、社会发展进步、国家文化安全和民族语言文化软实力的提高，而且关系到一个国家在国际社会的话语权、一个国家的文化和意识的接受程度，可以提高一个国家的语言和文化的软实力、民族尊严和形象。

2. 语言教育政策的分类和功能

语言教育政策是政府为解决民族语言教学问题而采取的一项措施，它结合了政府的行动和国家的意志。我国的语言教学分为汉语教育、外语教学、民族语言教学和对外汉语教学。汉语课程是我国最大的语言课程。民族语言教学不仅包括自己语言的形成，还包括汉语的形成，即双语汉语教育。外语教学的目的是教授外语，包括英语、法语、德语、阿拉伯语和其他世界上有影响力的语言，而我国最重要的外语教学是英语教学。对外汉语教学的主要目的是在国际上推广汉语和中华传统文化，扩大汉语和中华传统文化的影响力。我国语言教育政策可分为四类：语文教育政策、外语教育政策、民族语言教育政策和对外汉语教育政策。作为我国语言教育政策的一个分支，每项语言教育政策都有特定的语言教育目的，但其文化目标是相同的，即增强民族语言文化的软实力，保护和实现民族文化的利益。

美国语言学者希夫曼认为，国家语言政策可以分为显性语言政策和隐性语言政策。显性语言政策是指国家明确制定的政策，是许多国家宪法规定的官方语言。隐性语言政策是一种反应态度、立场和语言观点的语言意识形态，它主要通过非政府组织的实践和行动或引导人们的良知发挥重要作用。语言教育政策与民族文化和意识形态密切相关。语言教育政策本身是一种根深蒂固的文化，体现了语言和文化意识形态。一个国家的语言和文化在很大程度上影响、限制和决定其语言政策。

我国的语言教育政策与国家和民族的发展息息相关，对国家的发展具有四大功能。第一，一个国家的语言教育政策不仅决定了国家语言教育的目的，国家通用语言、外语和不同语言的地位，而且在民族文化和意识形态中也起着主导作用。教育部根据国家语言教育政策的指导方针开展语言教学，当学生学习一门语言时，会无意识地吸收该语言带来的文化价值观和意识形态。第二，语言教育政策具有协调功能。语言教育政策可以协调和平衡语言教育的各种关系，如普通话与方言的关系、普通话与民族语言的关系、语文教学与外语教学的关系。第三，语言教育政策具有监督功能。语言教育政策可以指导语言教育的进程，并及时对其进行修改和更新。第四，语言教育政策可以支持社会制度。我国语言教育政策的制定和实施，对促进国家经济发展、政治稳定、国家安全、增强文化软实力具有重要作用。

3.语言教育政策的组成要素

政策系统论认为，从系统要素来看，公共政策系统是由政策主体、政策客体和政策环境相互作用形成的社会政治系统。语言教育政策作为一种公共政策，由政策主体、政策客体和政策环境构成。

语言教育政策的主体是语言教育政策的制定者和执行者。不同的国家和地区有不同的政策主体，一般可以是相关的国际组织、政府和学术权威机构。国际组织一般处理国家之间跨区域的语言教育政策。例如，欧洲联盟是一个多语言机构，有27个成员国和23种官方语言。为了解决成员国之间的语言交流障碍，欧洲联盟制定了各种语言教育政策。语言教育政策的另一个主体是政府。一个国家的语言教育政策通常由政府制定和实施，作为政策主体，他们往往是语言教育政策的制定者和决策者，也是政策的实施者和监督者。一些国家还通过省、州和自治区政府部门制定和实施语言教育政策，如美国的州政府也是语言教育政策的主体。学术权威也是语言教育政策的主体之一，主要是指"学术上与语言工作相关的单位或部门，受国家指派，或奉命进行语言及其相关的科学研究，为国家或本地区语言政策的制定提供科学依据和理论参考的语言规划思想"。

我国的语言教育政策的主体是教育部、政府职能部门和学术权威。教育部是真正的决策者、执行者、监督者。学术权威为教育部制定语言教育政策提供了理论科学依据。实际上，我国没有制定授权机构不同的语言教育政策，不同语言类别的政策也不同。我国国家教育政策的主要机构是教育部的基础部门。对外汉语教育政策的主要部分是国家汉语国际推广领导小组办公室；国家民族事务委员会和教育部民族教育司是民族语言教育政策中最重要的机构；中小学的外语教育政策的主体是教育部的基础部门，高中的外语教育政策的主体是教育部的高等教育司；民族语言教育研究机构是教育部语言文字信息管理司、中国社会科学院民族学与人类学研究所和中央民族大学；外语教育政策学术研究机构包括国家基础教育外语教学研究中心、教育部高等学校外语专业教学指导委员会和中国外语战略研究中心。这些学术权威基于人们对语言教育的需求进行科学和实证研究，为政府制定科学合理的战略提供理论支持。

政治的目标是"政治角色的对象，包括政治问题和政治角色的社会成员（目标群体）"。语言教育政策的目标应该包括语言教学领域存在的问题和语言教育政策的受益者。虽然我国实施了不同类型的语言教育政策，政策的受益者应该是全民，但也有直接和间接的受益者[55]。

新制度主义认为，政治客体的政治文化对教育政策的实施起着决定性的作用。政治文化是影响人们政治行为选择的若干内在因素的综合，政治文化包括社会成员的政治意识、政治情感、政治价值观和政治理想。不同的社会有不同的政治文化。每个社会成员都生活在特定的政治文化环境中，学习一定的社会政治规范和行为，能够形成特定的政治意识。政治思想的性质相对稳定。政治文化影响着具有不同政治角色的社会成员的政治需求、政治活动的内容及他们对国家法律、指导方针和法规的反应。我国是一个捍卫集体主义精神的国家。人们对国家有着传统的爱国主义和朴素的感情，他们习惯于将自己的愿望和理想与国家利益、公共政策或目标结合起来。理解和支持国家政策是正确实施我国语言教育政策的因素之一。例如，中华人民共和国成立初期的"学俄热"，是建立在拥党、爱党、爱国的广泛而坚实的思想基础之上的。学习俄语可以直接接触苏联的科学技术、文学艺术，直接为社会主义建设服务。人们怀着对社会主义的热爱和渴望，把学习俄语作为进步的前提，响应党的号召，积极参与社会主义建设的行动。改革开放后，人们逐渐认识到外语在我国经济、科技和教育发展中的重要作用。为了满足社会需求，提高社会地位和经济收入，人们通过各种方式提高自己的外语水平。在我国，尤其是在大中城市和沿海地区，多年来一直存在"外语恐惧症"。这种对国家政策的积极回应有利于外语教学的快速发展。

　　语言教育政策的制定与国内外的政治、经济和文化因素，即政治环境密切相关。它是所有决策、实施和影响条件的总和。语言教学的政治环境是复杂的、多样的、动态的和不可重复的。政治环境包括自然环境、社会经济环境、制度或制度条件、政治文化和国际环境。一个国家的地理位置、气候条件、地形特点和其他自然环境会对政策制定产生一定的影响或限制；政治、经济、文化、人口、国际形势和外交关系等社会环境往往在政策制定中发挥更直接和重要的作用。

　　所有教育政策都对特定的社会环境做出反应，包括社会科学家研究的一系列因素：经济因素、人口趋势、意识形态、深深植根于人们心里的价值观、政治机构的结构和传统，以及更广泛的社会和文化传统这些因素形成了特定的政治环境。政策环境中最重要的两个因素是经济体系的结构和当前的经济条件。经济并不直接决定公共政策，而是为政策的制定和实施提供重要的参考体系。经济繁荣是广泛教育改革的先决条件。和经济一样，人口也是制定教育政策的重要限制因素。但是，政治文化是教育环境的无形因素，一般被称为"概念"。不是外部世界的价值观和意识形态体系，而是深深地埋藏在人们的思想中。观念、信念和价值观塑造了人们如何定义教育政策的主题，限制了人们解决问题的方法和能力。

韦伯的社会理论传统也认为，人类行为受到个人利益和其他价值观的限制，比如意识形态、哲学和宗教中的原则和义务。意识形态是人们组织他们对社会、政治和经济的思想，形成一个简单的概念体系。艾萨克认为意识形态是一个"连贯的社会概念体系"，是关于如何组织和管理经济和政治系统的价值观和信仰体系，也是关于这些系统如何发挥实际作用的协调概念体系。在现代社会，意识形态通过教育、大众媒体和广告传播。因此，大多数人的思想在一定程度上受到意识形态的影响。20世纪50年代，功利主义社会理论认为人们的行为受自身利益的支配，因此人们在政治环境中的行为是直接而具体的，能够反映群体利益的价值。

此外，大众传媒在教育政策过程中发挥重要作用。大众媒体，包括印刷和广播、有线服务、在线服务和互联网，不仅报道政策问题和政策过程的所有方面，而且也是政策过程的重要参与者。新闻故事、广播、电视节目或在线服务不应被视为中立、简单的事实陈述。在政策过程的每个阶段，大众媒体都有其独特的作用。

三、语言教育政策制定的价值取向

语言教育政策的制定与人们对语言的看法密切相关，人们对语言的不同看法会形成对语言规划的不同看法。在某种程度上，语言规划会影响语言教育决策者的语言规划行为。美国语言学家卢茨提出了影响语言教育规划的三种价值取向：语言问题观、语言权力观、语言资源观。近年来，"语言生态观"和"语言战略规划观"也被提出。以上五种取向可以看作是不同的语言规划观。

1. 语言问题观

语言问题观是语言教育规划者为解决语言教学领域的问题而制定的计划。历史上最初的语言教育政策与语言问题密切相关，旨在解决语言问题，包括促进语言交流和拯救受威胁的语言现象。在一个国家成立之初，面临着如何选择和确定国家或官方语言，以及如何统一语言以更好地降低沟通成本和提高沟通效率的问题。例如，在中华人民共和国成立之初，我国政府制定了一系列以价值为导向的语言教育政策，包括汉语拼音计划、推广普通话计划。语言教育政策促进了民族国家的统一和发展，在一定程度上促进了民族文化认同和民族凝聚力。然而，仅仅从"问题"的角度来解决语言问题是片面的。语言技能和语言资源问题必须通过更全面、更深入的语言教育政策来解决，其目标是语言规划。

2. 语言权利观

语言权利观认为语言是一项基本人权，尤其是保护语言少数群体的权利。随着全球化的到来和英语作为世界通用语言的广泛传播，世界语言的多样性被削弱，不同语言在语言领域的力量是不平等的。受威胁的语言广泛存在，许多语言濒临灭绝。一旦灭绝，民族文化乃至整个国家都有被摧毁的危险。语言权利不仅包括个人和群体的语言权利，还包括国家层面的语言权利。语言权力观能够保障国家的语言和文化安全，巩固国家的优秀文化传统和民族精神，增强国家语言和文化的软实力。

3. 语言资源观

每一种语言都是在一个民族的发展过程中逐渐形成和发展起来的，是其他语言无法替代的独特资源。一种语言中的语音、文字和语法给语言带来了丰富的资源；同时，语言本身也是一个民族重要的文化遗产和文化表达形式。民族文化和民族智慧的积累渗透在语言的形成和发展中[55]。每种语言都有自己的传统文化和历史特征。一个民族的母语植根于民族文化的土壤，是民族文化传承和发展的最基本基因。首先，语言是一种经济资源。一方面，语言资源的开发和利用可以为语言创造经济效益。例如，作为一种通用语言，英语为英语教育机构创造了巨大的经济效益。另一方面，语言资源是一种重要的人力资源，掌握语言资源的人在语言市场上拥有更大的人力资本。其次，语言是一种重要的政治资源。任何国家的政治表现都取决于语言的媒介作用，语言的力量引导着政治的力量。例如，美国历史上的"纯英语运动"反映了美国政府出于政治目的对少数民族语言的压制和对英语的保护。对于一个国家而言，掌握多种语言将提高其各方面的能力。因此，以语言资源观为指导的语言教育政策强调开发和利用民族语言资源，使国家掌握更多的语言、文化、经济和政治资源，以维护国家发展的政治、经济和文化目标，实现国家利益。

4. 语言生态观

语言生态观是由美国语言学家霍根于1973年提出的，他描述了特定语言与其环境之间的相互作用。除自然生态系统中不同生物之间的相互作用和相互依赖外，不同语言在语言生态系统中也是相互依赖、相互作用和相互制约的。它能在很大程度上调节、维持其正常功能并保持其稳定性，使整个语言生态系统达到稳定状态，否则语言生态系统将被破坏。语言生态系统不仅受多种语言因素的影响，还受自然环境、社会环境、文化环境和人的影响。文化对语言生态系统有很大的影响。"语言系统整合了所有文化的成就，保存了所有文化的信息，塑造了一个国家的价值观、心理和道德。"世界是多样的，世界的语言和文化也必须是多样的。语言多样性是语言生态系统健康存在的基础，也是全球多元文化主义得以延续的前提。语言生态的价值取向在一定程度上平衡了语言教育政策、母语教育和外语教学之间的关系，保护和发展了少数民族语言，拯救濒危语言，促进了少数民族对自己语言的认同，保护和传承了民族语言和文化遗产，增强了民族凝聚力。

改革开放以来，随着外语教学的扩张，我国人民的语言文化意识趋于淡漠。因此，我国必须在思想界、理论界和公众中增强这一意识，从社会文化的角度理解语言的作用，语言生态观告诉我们，语言和有机体的生存和发展需要一个平衡的环境。多种语言共存是语言生态的基本条件，它促进了语言的发展。语言生态是文化生态。语言生态的失衡必然导致文化生态的失衡。因此，维护我国多元文化结构的关键是在日益频繁的文化交流中，必须采取积极有效的措施和方法，维护我国生态与文化的平衡。

5. 语言战略规划观

战略是指全球规划或决策，战略的基本特征是全局性、未来性、层次性和稳定性。战略是将智慧、愿景和意志掌握在自己手中，而不是掌握在外部力量手中或陷入混乱。在极其复杂的发展过程中，战略可以帮助国家理顺不同力量之间的关系，促进可能性向现实的发展。语言规划将语言教育政策纳入国家总体发展战略，从国家战略的角度制定教育政策，它是对语言问题、语言权利、语言资源和语言生态的综合运用和管理。语言战略规划观将我们的语言战略和语言规划定位于全球平台和全方位的语言生活中，将所有与语言问题相关的领域纳入国家语言战略的视野。它将语言视为一种"策略"，树立语言统一性与多样性相结合的理念，从保护语言权利、开发语言资源、维护语言生态、构建和谐语言生活等方面出发，多角度、全方位地维护语言策略。语言战略规划观理念坚持"以人为本"理念，保护个人语言权利和民族语言权利，维护国家语言文化安全和文化主权不受侵犯，充分考虑语言使用者或学习者的利益和语言权利，协调各民族语言的功能，在保护和发展语言资源的同时，平衡各民族语言在民族语言体系中的地位和作用，构建和谐的语言生活。以语言战略为价值取向的语言教育政策是全面的语言教育政策，能够充分体现国家语言文化软实力的核心目标和国家文化利益的终极目标。语言战略规划观是一种可持续发展观，立足于现在和未来，以保持语言的生命力，使语言规划不仅针对当前目标，而且立足于长远目标。

第二节　外语教育政策的困境

一、外语教育政策制定的制约因素

外语教育政策是外语教学的"生命"。每个国家都有自己的外语教育政策，为外语教学指明了方向。外语教育政策受到内外部因素的制约：内部因素是外语教学的内在规律；外部因素是国家和社会发展的需要[54]。随着社会的发展，现行的外语教育政策不能一成不变。在新的形势和环境的影响下，外语教育政策已经适应了历史的变化。例如，在中华人民共和国成立初期，俄语被选为外语教学的主要语言，这与学习苏联、打破西方国家封锁等政治因素有关。总的来说，外语教育政策受到以下几个因素的影响。

（一）国家关切

1. 国家发展需要

国家发展主要是政治和经济发展。政治和经济发展是指一个国家成熟的政治制度、科技进步、经济和商业发展及国民生活水平的提高。如果这些综合因素发展到一定程度，一个国家的综合实力就会增强。当今世界，不同国家的经济发展相互依存，紧密相连。外语，尤其是英语，作为世界上使用最广泛的语言，正发挥着越来越重要的作用。与此同时，英语作为一种媒体语言，促进了它在全世界的传播。为了跟上现代世界的发展和发达国家最新的科学发展，日本政府在20世纪六七十年代加大力度推进英语教学，并在全国中学普及英语教学，而同时期的中国却无暇顾及外语教学的相关内容。这表明政治和经济发展因素对外语教学政策有重大影响。

全球化、计算机化和市场营销是人类社会发展的三大浪潮。全球化是世界上最重要的趋势之一，始于20世纪90年代。全球化主要是指经济全球化，即全球金融、贸易、跨国投资和生产与全球经济紧密结合。随着通信技术和计算机技术的发展，人类社会已经进入信息时代，发达国家和发展中国家都在进行一场由信息和知识驱动的工业革命。知识和信息的生产、加工和贸易已成为新的经济增长点。"知识爆炸"是计算机化的一个特征，其结果是知识更新的加速。市场经济是20世纪末的另一个强劲趋势，它以神奇的力量打破旧的经济体制，按照同样的规则整合世界经济，形成一个真实的世界市场。

全球化趋势影响了各国外语教育的政策走向。加强外语教育，加大对外语教育的财政投入，加强教师培训，制定多元化的外语教育政策，都与全球化的外部影响和内在需求有关。

2. 文化因素

中国五千多年的历史是辉煌的，它的一个显著特点是自上而下、全国范围内协调统一的行动。这种自上而下的统一文化对教育既有正面影响，也有负面影响。负面影响是创新能力的培养受到一定程度的抑制。在我国，外语教育政策主要是自上而下设计，自下而上实施，由行政力量推动和延续。

20世纪60年代，教育部发布了调整和精简中小学课程的公告，启动了"教育改革"，在全国范围内缩短学制，精简课程，严重影响了正常的教育过程。随后，教育部发布了两份英语课程标准试点草案。虽然试点草案只是一个指导性文件，仅要求在四五个省区进行测试，但人们在宣传和领会文件精神时，普遍认为它是一个指导性文件，导致类似的"课堂流行病"。

此外，坚不可摧的理念和追求成功的功利主义愿景也将限制外语教学的发展。外语教学改革需要正确的指导思想，但如果不能实事求是、不能继承优良传统、不能引进西方新思维方式，就无法解决问题。新一轮课程改革之初，外语教学提出了"十年改革、五年学位"的口号，这显然违背了外语教学的客观规律，因为外语教学是一项文化传承活动。在这项文化传承活动中，呈现出民族文化特色。因此，我国外语教育政策的制定也受到我国文化的限制。

3. 经济因素

经济因素对外语教育政策的影响不可低估。社会经济发展为外语教育政策的制定和实施提供了现实基础，而科学合理的外语教育政策的制定反过来又能促进一个国家的社会经济发展。

经济对外语教育政策的影响主要体现在两个方面：经济发展程度和经济体制。经济发展程度是指一个国家或地区的经济实力，主要以国内生产总值（GDP）或人均国民收入的形式来衡量。增强一个国家的经济实力必然会增加对教育的投资。当前，我国外语教学的全球改革需要足够的国家经济力量的支持。经济体制是经济运行的规律。在我国，市场经济通过价格配置资源、调节社会经济生活，而计划经济则是政府自觉调节经济的行政手段。市场经济非常重视竞争和选择，而计划经济非常重视国家对教育资源的配置。

从语言学的观点来看，语言本质上是人力资本，外语教育可以看作是对可再生人力资本的经济投资。一般来说，人们学习外语的动机是经济上的优势，因为他们相信自己得到了经济上的回报。经济回报越高，学习外语的人就越多，这反映了追求经济效益的倾向。而一门外语的经济价值体现在它的实际使用上。也就是说，其经济价值依赖于外语对人类市场的需求、社会和经济活动的使用频度及外语政策在人们选择外语方面的主导作用。外语教育政策必须考虑经济因素，但不应直接受到经济利益的影响。制定外语教育政策需要明确长期的战略目标。

4.语言教学环境

随着语言学、心理学、教育学和教育技术的发展，外语教学环境发生了深刻的变化。随着语言理论和语言学习理论的不断创新，外语教学的理念和方法不断更新。随着信息技术的蓬勃发展，外语教学的方法和手段有了更多的选择。

其中，交际法在20世纪70年代初最具影响力。交际法是社会语言学、心理语言学、人类学、社会学等学科成果的集合。其中，社会语言学对交际法的影响最大，社会语言学是交际法最重要的理论基础。社会语言学研究语言与社会环境、社会群体和社会阶层之间的关系及语言在社会中的使用。社会语言学研究的不是语言的形式和结构，而是语言的社会功能，即语言如何作为一种交际手段服务于各种社会交际活动。

交际法的诞生改变了过去只注重语言形式和结构的外语教学目的和方法。不同国家的外语教学政策也开始发生变化。1989年和1990年，日本政府发布的教学手册鼓励英语教师将教学方法从语法翻译法改为交际法。一门新课程强调使用交际法，而不是视听法和语法翻译法。我国于2001年制定了《全日制义务教育普通高级中学英语课程标准（实验稿）》，将"培养学生的综合语言技能"作为基础教育阶段英语课程的首要目标。外语教育政策的变化对外语教学改革产生了重大影响，涉及教学理念、教学方法、教学内容、教师培训、课堂教学实践等诸多方面。

5. 可利用的资源

可利用的资源指教育软件和硬件资源。软件资源包括教育政策、社会声誉、教师、校风、学生和社会支持；硬件资源包括学校设备、建筑、现代教材等。外语教育政策必须考虑到可用于政策实施的资源，这是因为它与外语教育政策的功能和实用价值有关。

作为一种教学辅助手段，信息技术已经成为外语教学中的重要资源。20世纪末，我国大学英语教学开始了以信息技术为特征的教育改革。2004年，教育部发布的《大学英语课程教学要求（试行）》明确规定了多媒体教学模式和网络教学模式，并对新的四页文本和图形教学模式进行了解释，这充分利用了外语教学中现有的资源。国外研究表明，在制定外语教育政策时应考虑以下资源。

①教育行政部门：负责将外语教育政策转化为课程计划。

②课程设计部：把课程计划变成课程内容。

③学校、教育机构：负责教学内容的实施。

④大众传媒：帮助接受政策，提供辅助教学支持。

⑤教育研究机构：评估政策执行的有效性和成功性。

⑥师资培训机构：培训教学师资。

⑦教材部：准备必要的教材和辅助教材。

⑧测试及考试中心：根据课程标准设计、管理测试及考试。

⑨翻译部：为政府和私营部门提供专业化服务。

⑩外国文化组织（如英国文化协会、美国国际开发署）：帮助教育部门、学校、教师培训机构、教材部门等落实外语教育政策。

6. 课程设计

课程设计指的是"课程"或"教学方法"，据此，"课程"可以理解为"计划教学"。课程是教学的重要组成部分。这一过程包括计划、理解对象、确定目标、选择和组织内容、确定方法、设计识别和评估工具等。课程设计是教学过程中各个方面、阶段和环节的设计。为了确保实施外语教育政策的可行性，我们必须提前考虑课程设计和开发中的实际问题，使外语教育政策更具功能性。例如，进入21世纪后，我国的外语教学发展迅速，许多有条件的地方开设了小学英语课程。因此，在制定外语教育政策时，必须考虑与课程设计相关的内容。

7.外语教师

作为外语教育政策的执行者，外语教师必须严格要求自己。除职前培训和在职培训外，外语教师还必须做好自学，以确保自己的专业发展。首先，外语教师的任务是教学，因此提高他们的教学技能非常重要。外语教学能力是教师实施"如何教学"的能力。它是指教师运用语言技能和能力成功完成教学任务所需的心理素质。其次，为了提高教学能力，外语教师必须提高科研能力和水平。科研能力和水平是教师专业化的重要组成部分。科研能力应包括教师发现、分析和解决外语教学问题的能力，包括独立研究和与他人合作的能力。最后，外语教师必须掌握现代教育技术、计算机科学技术、网络和多媒体技术，努力拓展自己的知识结构。外语是一门语言课程，语言是文化的载体。外语教师必须具备中外文化的相关知识，才能在外语教学中发挥应有的作用。

（二）关注细节

1.设定外语教育目标

如前所述，外语教学的社会环境是影响外语教学效果的重要因素。社会环境与许多因素有关，包括国家政治和经济发展的需要、全球国家语言政策、外语的国际地位、学生和教师的状况、政府机构的协调、学生家长和社会各界的期望等，理查兹认为，教育和课程规划者的任务是审查各个方面的需求，以设定教育系统的目标。例如，确定英语的社会地位是语言政策中讨论的一个重要话题。

通过对外语教学社会环境的初步研究和监控分析可知，在进行外语教学时可以科学合理地设定充分可行的外语教学目标，外语教学的目标应该在不同的层次上有所不同。有学者认为，外语教学的目标包括最终目标、总体课程、教材的使用、内容的选择和配置，以及对听、说、读、写等综合技能的要求，实现外语教学目标需要教师成功运用灵活的教学技能和学习策略。

不同的学校，尤其是高校，可以根据学校的实际情况和政府的整体外语教育目标，如课程要求，确定自己的具体教学目标，并在此基础上设计自己的外语教育课程体系。

2. 建立外语课程体系

外语课程体系是外语教育政策和教学实施的中间环节。外语课程体系建立的参与者，一方面是参与外语教育政策制定的专家学者，另一方面是大量的课堂教学实践者，即教师。实际上，这项工作已经涉及外语教育政策的实施，起到了检验外语教育政策的作用，其质量直接影响着外语教育政策的导向。

课程体系的建立应以需求分析为基础。需求分析有两层含义：一是目标需求分析，分析外语学习的目的、动机和使用；二是学习需求分析，它分析学习者需要掌握的语言技能，以便在未来的学习或职业中进行有效沟通。目标需要关注起点和结果，而学习需要关注教学过程。需求分析的目的是了解社会和学习者的期望。可以根据社会和学习者的期望制定具体的教学目标，找出学习者最终目标与当前外语水平之间的差距。

需求分析用于通过调查收集调查数据。根据对实际需求的分析，可以预见实施外语教学计划的困难。要做到科学合理，新课程还必须充分利用语言学、心理语言学等应用语言学的新发现和新成果。

课程体系的建立还包括教材的编写。我国的外语教材种类多样，纸质教材与电子教材的结合充分体现了我国外语教学的繁荣与发展。我国的外语教育政策并不总是体现在各种方针、纲领中，而是更多地体现在内容和教学方法上。例如，我国的许多基础英语教材都是按照任务型教学法的教学要求组织的。因此，教材编写者应该分析社会和教育形式，熟悉教学环境，包括现有教师的语言水平、传统教学方法和学生对语言学习的态度，严格按照国家课程标准的要求编写教材。此外，在推广教材之前，必须进行准确的教学实验，以确保教材的质量。

3. 建立外语教师培训体系

外语教师是外语教育政策的实施者。不理解或不支持外语教育政策的外语教师在执行外语教育政策时可能不利于教学效果的优化。因此，加强外语教师关于外语教育政策的培训，对任何形式的教育改革和创新都有极大的促进作用。

外语教师培训主要是指外语教师的早期培训和伴随培训。在我国，现有的教育体系可以提供一些教师培训项目，但由于我国人口众多，外语教师基数大，教师培训机构相对不足，无法满足教师培训的需要。在当前条件下，外语教师必须具备独立学习和研究的能力，才能提高自身的专业水平。

为了加强对外语教师的培训，有必要建立教师培训体系。教师培训体系包括职前培训、在职培训和海外培训。该体系应灵活、自由，可以在工作中推行，也可以在校园内或校园外推行。就时间而言，有长期和短期培训两种。其他形式的培训可以运用电视和广播节目、通过互联网的远程学习和终身学习进行。笔者认为，建立外语教师培训体系应考虑以下问题：①理想的教师知识结构是什么；②如何实现培训的总体目标；③如何管理培训计划；④谁来制订实际的培训计划；⑤如何处理理论和实践之间的关系；⑥如何评估培训计划的绩效；⑦如何根据反馈调整课程。只有解决这些问题，才能提高外语教师培训的质量。

4. 改进外语教学方法

外语教学方法是指按照系统的原则和程序进行外语教学的方法，也就是说，外语教学法是关于如何最好地"教"和"学"外语的思想。外语教学法是指外语教学计划实施过程中的教学阶段、课堂活动和任务。外语教育是外语教学政策实施的终点。教学方法的优劣直接影响教育效果。

外语教学史上有许多教学方法，如直接法、听说法、视听法、语言翻译法、听写法和交际法。这些方法从不同的角度审视外语教学：语言的性质、语言教学的性质、语言教学的目标、所使用的课程类型、教师、学生和教材的作用，以及所采取的技能和步骤。外语教学方法的出现有着特定的历史。随着人们对外语教学本质认识的加深和语言教学理论的发展，一些传统的教学方法已经失去了原有的价值，新的教学方法即将出现。也许对现代外语教学最好的解释是"有教学方法，就没有教学方法"。外语教师不应坚持特定的教学方法，而应根据教学需要、教学内容和任务、学生水平等因素选择合适的外语教学方法。

5. 完善外语测试和评估

测试和评估的完善与外语教育政策的制定有关。测试和评估的完善是指任何衡量学生学习、认知或表现的实践。根据测试目的的不同，测试可分为水平测试、性能测试、诊断测试、标准参考测试和标准测试。评估分为总结性评估和形成性评估。测试和评估的主要目的是检查外语教学和学生学习的效果。因此，不仅要关注教育效果，还要建立科学完善的测试和评估体系。

建立科学的测试和评估体系需要解决三个问题：一是如何使测试和评估可靠、有效、实用；二是如何处理测试和评估的反冲洗效果；三是如何通过测试和评估促进教学。第二个问题与第三个问题类似，讨论了测试和评估对教学的影响。以全国大学英语四、六级考试为例，全国大学英语四、六级考试是一种测试和评估大学英语教学的手段，提高其结果，即课堂反馈效果，一直是大学英语教学改革的主题。全国大学英语四、六级考试是标准参考测试，课程要求是基本参考标准。1985年，英语教学强调阅读，注重词汇、语法和功能思维等微观技能的培养，研究的内容和形式符合社会的需要。1999年，对英语教学提出听与说并重，注重培养外语双向沟通技能、策略技能和跨文化交际技能。因此，全国大学英语四、六级考试立即增加了新的问题，如口语、复合听写、简短回答、翻译等。2004年大学英语新课程全国大学英语四、六级考试在评分体系、评分形式和评分权重上发生了重大变化，评分方法和评分对象用于测试大学英语教学效果。这表明外语教育政策受测试与评估之间的互动影响。

6. 教学方法的使用

从20世纪末到21世纪初，以计算机网络为代表的信息技术开始改变人类生活的基本环境。信息技术极大地提高了人们收集、处理、传输、交换和存储信息的能力，为人们高速高效地处理信息创造了技术平台。外语教学可以利用信息技术的这些优势，信息技术的引入将给外语教学带来重大变化，这种形势的变化促进了信息技术与外语教学的融合，使信息技术成为外语教学的有机组成部分。

外语教育政策的制定必须注意时代的变化。1992年，高中外语教学提到使用"视听"媒体。2001年，教育部明确提出要把信息技术作为一种现代化的教学工具。这表明计算机和网络在外语教学中起着重要的作用。然而，在课程定位方面，中小学英语课程似乎很少关注信息技术的应用，课程标准中也没有具体的实施措施或规范。大学英语教学应重视信息技术的应用并认可课堂和计算机教学模式，高校应充分利用多媒体和网络技术，采用新的教学模式，改进原有的以教师为主的教学模式。新的教学模式应该得到现代信息技术，特别是计算机网络技术的支持，使英语教学不受时间和地点的限制，走向个性化和自主学习。

二、外语教育政策制定的困境

1. 政策目标不明确

政策目标是在政策规划和实施中要实现的具体目标。政策目标的丧失将直接导致政策规划和执行偏离正确方向，无法达到预期。总的来说，外语教育政策的最终目标是保护国家语言和文化的主权和安全，提高国家语言和文化的认同水平，促进外国语言和文化的传播，通过保护语言权利、开发语言资源、维护语言文化生态等全球性措施，增强我国语言文化软实力，保护国家文化利益。我国教育政策的政策目标是促进民族认同，增强民族凝聚力，保护民族传统价值观，保护国家主权、语言和文化安全。外语教学政策的文化目标是在外语中传播我国传统价值观，增加中华文化的吸引力和影响力。然而，我国外语教育政策的目标不明确，很难平衡我国不同的教育政策，这反映在过分强调外语教学的重要性上。外语不仅是高中生、中学生的必修课，也是入学和继续学习的必修课。人们更重视外语教学而不是语言训练。缺乏政策目标直接导致语言教学缺乏宏观规划。中华人民共和国成立以来，我国对教育政策的全面规划制定较少，也很少将教育政策纳入国民经济、政治、文化发展战略规划，为国家发展大局服务。2010年，我国制定了《国家中长期教育改革和发展规划纲要（2010—2020年）》，对教育改革和发展进行了规划。然而，并未包含长期教育政策的重要部分。

2. 政策制定中的价值取向偏差

我国的外语教育政策主要基于语言资源的视角。掌握一门外语意味着掌握更多的语言资源、人力资源和经济资源。它是学习和事业成功的通行证。目前，除在学校接受正规英语教育外，还建立了大量英语培训机构。这些教育机构的出现和发展对促进英语学习起到了重要作用。与英语教育相关的书籍、音像制品和教育工具销售良好，英语原著分批发行。英语教育和教学在我国已经成为一个巨大的产业，拥有无限的商机。如今，英语已成为入学、毕业、就业和晋升的必修课，也是取得学术和职业成功的重要跳板。如果放任这样不平衡的趋势，将不可避免地损害民族文化认同和凝聚力，危及国家语言和文化安全。

3. 不合理的政策制定系统

政策制定系统由政策主体、政策客体和政策环境构成，三者相互作用、紧密联系。我国外语教育政策制定系统运行不畅主要体现在政策主体内部、政策主体与政策客体之间、政策主体与政策环境之间缺乏协调机制。

我国缺乏一个权威机构来协调各种语言教育政策的制定，缺乏针对具体语言教育政策的研究资源和国家语言教育政策的专业人员，各级语言教育政策缺乏连续性和完整性。此外，不同类型的语言教育政策之间没有统一的政策协调机制，决策者之间没有协商和论证，也没有充分的政策管理。

我国语言教学的政治过程是在政府的领导下进行的。在制定过程中，公众并不积极参与制定过程，但作为制定过程的参与者，政府是政策的倡导者和执行者。由于公众对政策制定的要求缺乏了解，难免会出现偏差，不能完全解决实际问题。外语教育政策的制定是一项与国家和国际环境密切相关的系统工程。我国的外语教学政策只注重提高受教育者的语言技能，而没有把外语教学作为一项重要的国家发展战略。如果对政治问题缺乏全球意识和国际视野，外语教育政策将难以应对全球化的挑战。

第三节 外语教育规划的展望

我国当前外语教学的一个根本问题是外语教学目标、外语教学政策、外语课程设置等外语教学要素缺乏科学合理的规划。总的来说，我国还没有建立起系统、科学的外语教学体系。外语教学目标的课程标准和课程由政府制定，外语考试由政府监督或组织，教师资格由政府认定，教学时间由政府规定。当然，所有这些要素都属于外语教育政策的范畴，实际上是对外语教育政策的分析。外语教育政策的核心是规划外语教学。因此，提高我国外语教学效率的根本途径是实施全面的外语教学计划，制定适合我国社会发展的外语教育政策。

一、外语地位的规划

语言规划通常分为状态规划和本体规划。语言状态规划涉及语言政策的制定，因为语言规划通常是特定语言政策的体现。语言政策反映了一个国家或社会群体对语言问题的基本态度，是规划语言地位的第一步。以英语作为外语项目的例子。从官方角度讲，英语是一门外语，也是使用最广泛的外语。然而，从教育、就业、专业资格甚至官方资格的要求，以及公共场所、交通工具和建筑的标志来看，英语在我国的地位显然不能简单地用外语的定义来解释。

越来越多的专家学者开始关注我国语言规划中外语因素的缺失。当国家对外语的需求达到一个新的阶段，外语产业即将进入一个新的黄金时代，有必要根据时代和国家发展的特点，系统梳理外语的概念，制定全面的外语规划。在2009年12月由上海外国语大学主办的首届中国外语战略与外语教学改革高层论坛上，华中师范大学邹为诚教授建议，应动员各方面力量制定《2010—2020年我国外语战略纲要》。解决当前缺乏明确的外语战略，外语教育与外语需求严重背离的问题，形成外语战略资源的巨大浪费。原上海外国语大学前校长戴卫东教授强调"科学规划我国外语教育"的重要性，我国学术界资深学者陈林先生甚至撰文呼吁"用科学发展观规划我国外语教育"[56]。

外语地位规划是指语言规划的过程，以确定外语的适当和合适的地位，即它们在社会中的地位，并协调各种语言关系。外语教育的地位规划就是规划外语教育在社会和语言生活中的地位，外语教育在学校教育中的地位及不同外语在学校教育中的地位。为了科学处理外语在我国的使用，还需要明确外语在社会生活中的法律地位。[58]外语的出现表明它是一些外国民族的母语，而国际语言的出现表明英语已经超越了民族语言的一般概念，被世界上不同的民族广泛使用。

为了做好外语规划，使外语事业适应国家发展的需要，国家应设立一个机构控制或协调外语事业。为此，可以提升国家语言文字委员会的地位，赋予其管理国家语言文字事务，包括外语事务的职能；同时，积极研究我国外语的法律地位，通过法律法规促进国家外语事业的发展，最大限度地开发我国外语资源。外语规划的实施必须通过颁布相应的外语政策、外语法规来完成。中央政府和地方政府可以制定相关政策或外语法规来指导或安排各种社会群体的语言状况，约束各种社会群体的语言行为，协调各种社会群体之间的语言关系。这种关于外语地位的政策和法律是外语规划的一部分。总之，随着时代的变迁和社会经济的发展，从国家发展的战略高度，在科学发展观的指导下，制定符合我国国情的科学的外语教育规划，是一项紧迫的任务。[59]

二、外语本体规划设计

语言的本体规划是对一种语言或语言变体进行规范，即采取一切必要的措施，使被规划的语言充分履行其各种社会功能。文字是语言信息的载体，是书面交流的形式。功能语法学家认为语言是为交际目的而存在的。为了充分实现其社会功能，语言必须规范化。不同国家的语言使用在每个时代都有自己的规范，涉及书写和发音。人类对语言的干预自古就有，它不仅是必要的，而且在某种程度上是不可避免的。人们对自己的语言有强烈的感情，每个人对语言的使用都有一个判断。世界上几乎没有一个国家没有干预过语言。在社会大变革时期，语言规划在语言调控中发挥着尤为重要的作用。日语、德语和印地语都是通过大量的语言规划发展而来的。人类不仅参与语言的创造，也参与语言的维护和发展，不可能忽视语言。在全球化时代，本族语词和外来语词的矛盾是本体语言规划亟待解决的问题。

外语本体规划必须从两个方面入手。首先，需要充分了解外语使用的国情，这是制定本体规划的前提。全国人口普查是任何规划的先决条件。1998年，经国务院第134次总理办公会议批准，开展了第一次也是唯一一次中国语言文字使用情况调查。这项调查历时六年，全面调查了我国语言文字使用的基本情况。这次调查对语言规划的制定和实施，对教育文化、科技、劳动人事部门的发展规划，对精神文明和物质文明的促进，对语言学和应用语言学的研究和发展，都具有重要意义。因此，需要掌握具体的情况，制定相应的语言规划。毫无疑问，这项关于外语状况的研究是一项复杂的工程，涵盖了外语学习的各个方面，包括我国公民的外语基本素质、他们对外语的态度和需求，以及对我国外语变体的理解，它还涵盖了不同地区和社会对外语的不同需求和使用。根据现有信息和研究数据，制定我国各地区外语发展和教育的具体规划。特别是，它涵盖了外语发展规划的四个方面，即外语教学规划、公共服务领域外语教学规划、特定领域的外语教学规划及国民生活中的外语教学规划。其中，外语教学规划要立足国情，在深入研究和了解我国外语教学总体结构和发展的基础上，充分考虑国家战略需求、传统教育模式、人才培养、外语教学环境、外语教学的科学识别和规划等人才培养和其他影响因素，营造良好的外语教学环境，明确我国外语教学发展的中短期目标，促进我国各级外语教学的可持续协调发展。公共服务领域的外语教学规划是对公共语言、网络语言和翻译语言的科学规划、规范和管理。我国外语教学规划必须注重实用性和便利性，正确处理外语与汉语的辩证关系，整合"以人为本、和谐共赢"的理念。在特定领域使用外语，如涉及国防等国家安全问题，外语规划必须由专门部门进行专门规划。

三、外语教育计划

1. 外语教育的目标规划

外语教育规划有很多目的和动机，所以需要了解我国外语教学的特点。简而言之，外语教育规划在我国尤为重要。因此，必须首先对外语教育需求进行彻底的检查和预测。为了了解我国社会发展对国家外语技能的真正需求，应根据外语教育计划，确定外语培训的目的，即基础教育中外语培训的目的，在高等教育中教授外语的目的与我国应该教授哪些外语。鉴于我国外语教学中存在的问题，需要制定不同层次的外语教育政策。根据我国外语教学的现状，有必要为学生设定最多元化的外语教学目标。由于这些目标适用于所有教育工作者（从某种意义上说，适用于整个国家），必须制定与我国当前社会发展相对应的外语教学目标。

根据我国当前社会发展的需要，应制定专业人员外语教育目标。这意味着我们要培养的是精通外语的专业人才，而不只是外语专业人才，包括初级专业人才（如服务人员、导游、技术工人、初级公务员等）和中高级专业人员（工程师、大学教师、中高级公务员、政府官员等），这个阶段的教育主要是大学教育。

目前，有必要制定合理的大学外语教育目标，确立不同层次的大学外语教育目标。对于将要从事对外语水平要求不高的岗位工作的学生，只需要达到基准目标即可；对于即将进入对外语应用能力要求较高的岗位工作的学生而言，应该制定更高的目标，以便更合理地配置大学外语资源。从目前的外语教育目标来看，我国基础阶段的外语教育要求过高，尤其是外语技能过于一般。比如，写作的要求多于日常交际的要求，规定的教学内容也多于日常交际的要求，而对专业人员和外语专业人员的目标要求较低。

总之，我国的外语教育应该"全球规划、科学管理、提高质量"，中小学生应该专注于学习语言和数学等基础学科。在培养优秀儿童的过程中，除从少数民族中选拔外语人才外，外语学习还应侧重于大学层面。我国需要的外语专业学生是英语专业学生和达到一定英语水平的非英语专业学生。因此，要关注这部分学生，在不同阶段聘请优秀的教师进行外语教学的研究和实践，制定明确的外语教育目标，以提高现阶段外语教学的质量。

2. 外语教育的语言规划

外语教育的语言规划是指在外语教学中使用的语言的选择。它与一个国家的语言水平要求有关，即外语的选择应考虑该国的语言水平要求。我国外语高等教育中外语的独特性与外语需求的多样性之间存在矛盾，我国的外语水平不能满足文化交流的需要，我国外语教学的语言结构不合理。例如，英语教学在整个外语教学体系中处于主导地位，这必然导致外语教学模式单一。教育部语言文字信息管理司司长李宇明在2008年的语言工作会议上强调："目前，外语教学中'单一外语'的趋势不符合我国未来外语发展的战略。尽管这种现象正在逐渐改变，但强度很低，规划不够有效。"

（1）外语选择的政治性

教育作为一项社会事业，深受政治的制约，任何社会的教育都反映了该社会的政治特征。政治文化是影响人们政治行为选择的各种内在因素的综合体，包括政治理解、政治情感、政治价值和政治理想。政治理解，即社会成员对政治制度和政治活动的理解，是政治文化的基础部分；政治情感是社会成员与政治认知相联系的情感，它驱动着社会成员的政治行为；政治价值是社会成员对政治制度和政治活动的价值判断标准，决定着社会成员对政治行为的具体选择；政治理想是社会成员对政治制度和政治活动的希望和未来发展。政治理想往往转化为政治行为。不同的社会有不同的政治文化。每个社会成员生活在特定的政治文化环境中，学习一定的社会政治规范和政治行为模式，从而形成一定的政治意识，形成相对稳定的政治观念类型，成为"政治家"。政治文化影响着社会各成员的政治需求、政治活动的内容及他们对国家法律、政策和法规的反应。我国外语教育的语言选择具有明显的政治特征。[36]

作为一种交流工具，外语不属于上层建筑，不属于阶级。外语教育对外语的选择应以社会的发展和群众的需求为基础，应主要看其使用价值而不是抽象的政治标准。然而，20世纪50—80年代，外语教育的选择与政治联系在一起，政治影响着我国的外交政策。因此，这一时期外语教育的演变带有政治色彩，这也反映了这一时期外交政策的变化。

1950—1980年，我国外语教学中的语言选择经历了一个从政治本位到实践价值本位的过程。强调一门外语，忽视另一门外语，促进以英语为主要国际语言的多种语言的科学发展；从学习超级大国的语言到学习世界上所有友好国家的语言。这一变化符合这一时期我国全方位、多维度的外交政策。我国外语教学中语言选择的规范化也是我国外交政策逐渐成熟的时期。因此，外语教学的变化在一定程度上反映了我国外交政策的变化。

20世纪70年代以来，我国政府科学评估国际形势，认识和平与发展问题，逐步实施独立自主的和平外交政策，积极发展与世界各国的友好关系。在全国积极推进英语素质教育，全面发展日语、俄语、德语和法语，是我国外语选择成熟的重要标志。随着改革开放政策的成功实施和交流的深入，外语教学尤其是英语教学得到了迅速发展。12月，教育部要求外语布局要有战略眼光和长远规划，以大力发展英语教学为主要任务，扩大日语、法语、德语教学比例。多种外语的多元化发展格局正在逐步形成。

（2）外语需求预测和规划

外语规划的基础是预测外语应用的现状和未来需求。全面深入地研究我国国情对外语的要求，是外语规划的紧迫任务。外语学习必须在不同地区（或部门）进行，以了解不同地区使用外语的真实情况。例如，涉及多少门外语，有多少语言技能，他们的知识水平和结构，以及当前存在的问题。根据各个领域的发展，特别是在国际化和计算机化的背景下，我们必须预测对外语的需求会发生怎样的变化，对外语人才会有什么样的需求，如何解决外语中存在的问题，以及如何应对未来对外语的新需求。根据我国外语需求，制定外语规划，确保制定的外语教育政策符合国家发展要求，确保经济社会平稳健康发展。

非通用语言（俗称小语种）是我国外语教育和外语生活面临中的一大难题。非通用语言的发展关系到国家与世界其他各国的交流和合作。非通用语言数量众多，我国急需什么语言？哪些语言只需要在实验室里？什么语言需要设置教学专业？设置教学专业应该遵循什么语言顺序？对于国家而言，很多非通用语言都具有资源储备的性质。通用语言的职业发展可以由市场驱动，而非通用语言的职业发展在许多情况下取决于政策。国家应该出台什么样的政策来调动各方面的积极性，支持非通用语言的可持续发展？同时，社会各领域要重视非通用语言的应用，不要把英语的使用误认为是国际化的标准，更不要把外语外延的概念降格为英语。比如，在巴基斯坦工作的科学家要懂乌尔都语，在坦桑尼亚等国孔子学院工作的教师要懂斯瓦希里语，在巴西工作的商人要学习葡萄牙语。对于国内公共服务，应根据服务对象选择服务语言。比如，东北的旅游业要有俄语导游，上海的机场可以提供更多的日语和韩语的服务。

随着我国对外交流的不断扩大和深入，社会发展对不同语言的外语技能要求越来越高。例如，随着我国在阿富汗建设项目的增加，对讲普什图语和达里语的工人需求将持续增加。我国对普什图语和达里语的语言规划远远不能满足这一需求，这就需要对我国的外语教学进行必要的规划。根据规划，我国需要进一步明确外语教学的语言计划。例如，有多少学生应该学习一种特定的语言？达到专家和硕士水平需要投入多少资金？所有这些都需要进行科学合理的预测和规划。

四、外语教育测试规划

我国外语教学计划应与外语测试政策改革相结合,以评估外语技能。荷兰的外语规划经验表明,外语教学规划必须符合外语测试政策,因为外语测试决定了外语教学是否需要按照外语规划进行。语言课程和外语测试政策必须保持一致。事实上,我国现阶段的外语教学受传统应试教育的影响。例如,入学考试增加了听力内容,教师会立即帮助学生提高听力水平;在入学考试中,单词的拼写被删除,学生的拼写错误会立即增加。

因此,制定科学、合理、有效的外语教学政策,对我国外语教学的健康发展至关重要。外语教学目标的设置取决于外语教学政策的实施。

正如邢福义教授所说,一个重视语言规划的国家应该是一个发展水平高、实力完备、精神文明的国家。今天,我国的经济和文化正在迅速发展,综合国力正在变得越来越强大。针对语言规划,没有理由继续忽视外语因素。语言规划中的外语因素是关系到国家可持续发展的重要问题,包括我国的社会发展、经济建设、外交关系、经贸交流、国际合作、国防安全、反恐等诸多方面。良好的语言规划促进国家间的相互理解与合作,让人们学会从更广阔的角度看待问题,培养开放包容的性格和沟通合作的精神,促进世界和平、发展和社会稳定。随着时代的变迁和社会经济的发展,在科学发展观的指导下,从国家发展的战略高度出发,制定符合我国国情的科学的外语规划具有重要的意义和影响。

第五章 新时期我国外语教育政策的规划

第一节 我国外语教育政策规划的基本原则

遵循外语教育政策规划的基本原则是制定科学、合理、有效的外语教学计划的前提。首先,我国的外语教学规划应该是全面的、整体的、面向未来的。教育是一个长期的过程。一项政策一旦实施,将在很长一段时间内发挥作用。半途而废的政策毫无意义,会造成资源浪费,尤其是对我国这样的教育大国来说。外语教育政策失败的代价往往很高,后果相当严重。因此,在制定外语教育政策规划时,必须注意当前经济需求与长期教育需求的协调,以及国内外历史的美好经验。只有这样,我们才能制定全球性的、平衡的、科学的政策规划。外语教学的长期目标是在当前复杂的国际形势下大力"支持"我国的和平发展。这就要求每个学生至少学习一门外语,充分考虑外语世界的普遍性,把外语教学放在国家发展战略的高度。国家不仅要优先发展通用外语,而且要有多元化发展的指导方针,实现"大语言"和"小语言"的协调发展。

其次,从我国国情出发,切实改变教育粗放、费时、低效的传统模式。在对现有外语教学资源进行成本效益评估、计算和比较的基础上,制定总体规划,努力探索一条真正符合我国国情的外语教学道路和人才培养发展规划。外语教学的最终目标是在智力上支持我国的社会经济发展。因此,要求外语人才不仅要有扎实的专业技能,还要有助推人才的国家化国际竞争与合作的经验、良好的沟通能力。

21世纪是高等教育走向全球交流和学术合作的新时代,通过共享各国共同的、互惠的资源来提高教育质量和国际竞争力。在高等教育国际化和全球化的市场竞争中，外语能力的提高和有效教学已成为先进国家提高高等教育质量和培养人才的基本理念。我们应该积极促进和提高外语能力，把外语教学和研究结合起来，真正培养人力资本，提高高等教育质量。客观、科学地认识外语教育的巨大经济价值是必要和迫切的。以社会发展和市场需求为导向，结合人才培养目标，优化资源配置。外语教育的目标和方向应根据当地的社会和经济发展及当地的传统和优势来确定。积极开设区域经济文化发展急需的课程，实施大中小学主要区域语言"一站式"教育模式。只有专业设置和人才培养适应市场经济和区域经济发展的需要，才能充分发挥外语学习的外部经济效益，促进人力资本的形成，推动国家经济和软实力的发展。

最后，外语教学的范围和投资应该基于科学研究和精确计算，并以语言经济学理论为指导。加强外语教学不能忽视我国文化的形成。母语是民族凝聚力的象征，只有民族凝聚力才能促进经济发展。外语教学模式的根本指导价值在于，合格的外语学生必须有强烈的责任感和国家使命感，为国家战略服务。外语教学计划是一项复杂的系统工程。在制定和实施外语课程时，不仅要考虑语言和语言生活的现状，还要考虑社会生活、政治经济、文化教育、科学技术、民族宗教、概念心理学等密切相关的因素。语言规划必须遵循语言发展变化和语言生活的客观规律，反映民族意志，满足社会发展需要，满足人们的愿望，满足相关因素的现实，使语言具有完善的交际功能，能够传递一切必要的信息，充分发挥媒体的作用，监控语言生活的健康有序发展。因此，语言规划的具体制定和实施必须明确，遵循一定的原则才能取得成功。特别是，外语教育政策规划必须遵循科学、政治、安全和经济原则。

1. 外语教育政策规划的科学原则

外语教育政策规划原则的科学是指语言规划的制定和实施必须符合语言发展规律、语言生活特点、相关因素的实际情况以及社会和群众的需要，使语言具有完善的交际功能，能够正确有效地控制语言生活的健康发展。外语教育政策规划的科学原则包括实用性、动态性、人文性、系统性和可行性。

现实性是指根据语言的性质、特点和用途、社会生活的实际需要及国家、民族或语言社区的实际情况，制定和实施语言规划。在制定和实施语言规划时，更加注重现实，其特点是统一性与多样性、命令性与指导性相结合。

动态性是指外语教育政策规划的制定和实施，根据时间、空间和其他相关因素的变化具有一定的灵活性。语言存在于社会中，并随着社会的变化和发展而发展。语言是人类社会重要的交际工具。若使用语言的人发生变化，交流的形式和内容将多样化。交际中的语言分布在不同的时间和空间，反映了语言的无限社会功能。社会变化和语言交际活动必然会促进语言价值的变化和对语言价值的理解。这些变化的重要因素决定了外语教育政策规划必须是动态性的，在不同的时间有不同的目标和规定，对不同的环境和群体有不同的要求，并具有一定的灵活性、范围和可预测性。所采用的目标、标准、要求和措施可以根据不断变化的社会需求和语言生活进行调整、修改和改进。

人文性是指在制定和实施外语教育政策规划时，必须充分考虑与语言密切相关的社会、文化、心理、思想、伦理、习俗等人文因素，以及语言使用者的人文因素，以充分体现人文精神。语言在社会中的使用与社会文化因素和文化载体密切相关。社会性已成为语言最重要的特征之一，语篇是语言社会性最集中的体现。语言文明、语用文化和心理问题必须结合人文因素加以解决，才能取得良好的效果。外语教育政策规划是一项公共事业。外语教育政策规划的制定和实施应充分体现以人为本的精神，尊重人们的意愿，充分体现人文性，更好地满足人们的沟通需求，促进人们的接受和实施。人文性是外语教育政策规划科学原则的重要组成部分。

外语教育政策规划的制定和实施应充分考虑内外部因素的系统性，充分体现外语教育政策规划的连续性，系统设计外语教育政策规划。首先，外语教育政策规划的制定和实施应该系统地考虑社会、政治、经济、文化等相关因素的相关性。外语教育政策规划的制定和实施应体现历史的连续性和可持续发展。语言的发展是渐进的，而不是突然的。语言的使用通常表现出历史的连续性，语言生活的变化和语言的可预测性在一定程度上决定了外语教育政策规划必须具有历史的连续性和发展的连续性，而且规划必须系统和完整。可行性是指外语教育政策规划及其实施的强大功能和有效性。特别是，应该有一些具体的实际安排和实施方法，以促进语言规划东道国和接受国的运作。

2. 外语教育政策规划的政治原则

外语教育政策规划的政治原则与语言政策在语言规划的制定和实施中的重要规定和精神相联系。政府对发展、法律和语言使用的关系、态度和措施很重要。外语教育政策规划和语言政策紧密相连。外语教育政策规划是语言政策的拟人化、延伸和具体化。外语教育政策规划的基本理论为语言政策的制定提供了理论依据。制定外语教育政策规划必须坚持政治原则，总结语言政策的积极经验，纳入和落实语言政策的关键内容和重要规定，确保外语教育政策规划的正确性和可行性。例如，我国当代外语教育政策规划是在总结100年来特别是50年来语言政策实施经验的基础上制定的，反映了当前语言政策的精神和规定。因此，它是适用和有效的。外语教育政策规划的政治原则包括政治语言、群众性和理论性。

政治语言是指在制定和实施规划时，要考虑并妥善处理好语言及其运用中的政治因素，体现一定的政治特征，正确处理语言问题，与政治政策密切相关，是政治的延伸，具有很强的政治性（当然也有很强的社会性和学术性）。任何国家的外语教育政策规划都是其政治和政治意愿的反映。如果外语教育政策规划不是政治性的或过于政治性的，那么就是不可取的，也是难以实施的。

群众性是指语言规划的制定和实施要充分考虑政策所依赖的群众因素，尊重群众意愿，满足群众需求，依靠群众实施。语言是社会交际工具，社会是由掌握语言和使用语言的人组成的。语言及其使用本身具有大众特征。因此，外语教育政策规划的制定和实施应坚持群众性特征，这样才能取得成功，事半功倍。某些国家在某一时期进行的外语教育政策规划之所以遇到了许多困难，甚至造成了负面影响，是因为它违背了群众性原则。

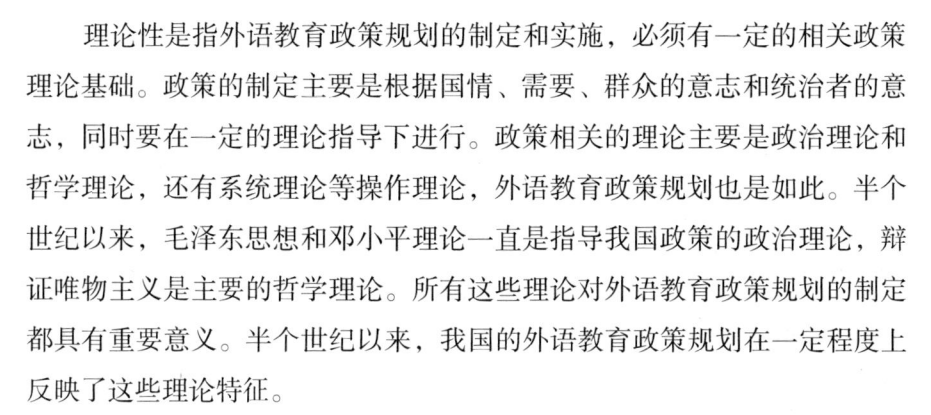

理论性是指外语教育政策规划的制定和实施，必须有一定的相关政策理论基础。政策的制定主要是根据国情、需要、群众的意志和统治者的意志，同时要在一定的理论指导下进行。政策相关的理论主要是政治理论和哲学理论，还有系统理论等操作理论，外语教育政策规划也是如此。半个世纪以来，毛泽东思想和邓小平理论一直是指导我国政策的政治理论，辩证唯物主义是主要的哲学理论。所有这些理论对外语教育政策规划的制定都具有重要意义。半个世纪以来，我国的外语教育政策规划在一定程度上反映了这些理论特征。

3. 外语教育政策规划的安全原则

外语教育政策规划的安全原则是指在制定和实施语言规划时应考虑历史和社会习俗的连续性、传承性、灵活性。目标和要求必须切合实际、恰当，采取的措施和方法必须稳定，以确保规划的协调制定和实施。在整个国家制定外语教育规划时，所有语言规划都按照安全原则顺利进行，取得显著成效。任何违反安全原则的行为必将失败或难以实施，且效果不佳。传承性意味着外语教育政策规划的制定和实施必须考虑语言使用的历史传承性和连续性，遵循语言发展规律，使规划更加稳定有效。在制定和实施外语教育政策规划时，我们必须根据语言和语言的使用特点，坚持实事求是的态度。规划必须有一定的灵活性，留有修改的余地，否则就不能在规范中看到语言现象。我们必须继续监控，将课程内容调整到一定的比例，顺利实施语言规划。渐进主义是指在制定和实施语言规划时，必须注意语言变化、语言生活逐步发展和不断发展的重要特点，顺应自然、因势利导、循序渐进。

4. 外语教育政策规划的经济原则

外语教育政策规划的经济原则是指语言规划的制定和实施必须满足合理、简单、适用的需要，并具有良好的社会效益和经济效益。语言状态的规划越科学合理，对稳定和社会进步就越重要。语言本体论的规划越简单、越精细，就越容易被社会各界接受，在政治、经济、文化、教育和科技发展中发挥更大的作用。因此，经济原则值得语言规划者关注，并在语言规划中得到很好的体现。

简单是指外语教育政策规划的制定和实施要科学合理、简单易行。语言作为重要的社会交际工具，不仅要承载一切必要的信息及其隐含的意义，还要方便人们交流思想、表达感情，才能充分、便捷地满足人们的交际需求。外语教育政策规划应根据这一特点，充分体现简洁性，让人们接受、执行并获得最佳效果。在选择和确定标准语和官方语时，要选择使用最广泛、语言生命力最强、社会影响最大、基础方言稳定、规范程度相对较高、在语言生活中威信最高的语言，进行必要的重新规范，使其社会功能更加完善，更便于人们使用。

适用是指外语教育政策规划的制定和实施应适合社会各阶层和语言规划接受者的需要和要求。要便于大规模实施，便于更多人使用，便于语言策划人员操作，便于测试实施效果。制定的语言文字标准要符合语言文字和语言生活实际，规定性目标和规定要切实具体，指导性意见要简明扼要、易于操作，针对不同场合和群体有不同要求，使规划具有稳定性、适用性和有效性。许多国家的外语教育政策规划是适用的，因此社会语言生活是稳定、有序和丰富的。合理性是指制定和实施外语教育政策规划，使语言更加规范和通俗易懂，充分发挥其社会传播功能，获得良好的效果和声誉，提升其社会效益和经济效益。外语教育政策规划的合理性与语言的生命力和价值密切相关。语言的生命力越强，语言的价值越高，其效益越大，反之亦然。

运用现代语言学理论对我国现当代外语教育政策规划的历史进行科学总结，分析其成败和各种语言因素，找出事物的规律性，不仅对于指导当前和今后的工作具有重要的现实意义，而且对于外语教育政策规划的建设和发展也有重要的作用。

第二节 我国外语教育政策规划的主要内容

改革开放和全球化为我国高等教育特别是外语高等教育的发展创造了前所未有的机遇。无论是经济建设还是文化交流，语言作为一种手段都是不可或缺的。随着信息技术的发展，互联网的不断扩大和完善，国与国之间的经济文化交流日益便利和扩大，国际社会的相互依存性日益增强，外语（尤其是英语）的桥梁作用日益突出。外语知识已成为衡量全球人才素质不可或缺的一个方面，也是高校加快国际化进程的重要前提。在改革开放的浪潮中，外语教学得到了前所未有的重视和蓬勃发展。通过对改革开放后我国外语教学的全面回顾可以看出，一方面，外语教学为国家培养了大批高素质、多层次的外语人才，肩负着服从和服务国民经济和社会发展的使命；另一方面，外语高等教育根据自身的教育发展规律，形成具有我国特色的外语高等教育。特别是进入21世纪，随着我国高等教育的快速发展，外语专业培训开始了一个新的发展周期。

外语教学是一个国家对外开放程度的晴雨表。近代以来，随着工业化的发展，世界经济的相互依存性日益增强，国内外交流更加频繁，教育的普及和国际化程度不断提高。一个国家的发展和繁荣离不开相应的人才、人才的教育和培养、教育的现代化和外语人才的培养。由于经济的快速发展，追求最大繁荣已成为社会的普遍价值。在功利主义的驱动下，外语教学的实用价值占据主导地位，外语教学限于语言教学和考试培训。

从唯物主义的角度来看，研究我国高等外语教育政策，最重要的是从我国的基本国情出发。需要注意的是，高质量的教育归根到底是建立在强大的综合国力基础上的，而我国的基本国情之一就是以落后的经济条件支撑庞大的教育事业。半个多世纪以来，我国外语教育的发展速度和规模无与伦比。唯物辩证法承认并充分肯定经济基础的制约作用，但并不认为存在的一切都是合理的。相反，它把对现存事物的消极认识包含在对现存事物的积极认识中，即对于现存事物必然灭亡的认识。

辩证法的本质是批判性和革命性的。外语教学改革是对实践教育的辩证否定，既有积极的一面，也有消极的一面。唯物辩证法有利于建立两点论，有效克服片面性和极端主义，防止矫枉过正。承认事物和知识的多样性，尊重不同的视角和解释权。对于外语教育政策研究而言，它意味着历史与逻辑、抽象与具体、批评与建构的统一。根据历史的原貌和真实的方式，揭示事物的规律是直观和积极的，能够清晰真实地反映事物的过程，指导人理性地理解许多看似随机的现象和事件的本质、必然性和社会历史规律。

逻辑方法是历史事物在理论思维中的再现，它侧重于通过对内部矛盾运动的分析，把握事物的本质和规律，揭示历史发展的总趋势。它具有抽象性、普遍性、深入性和一致性的理论特征。内在存在的表达和万物运动的规律，必须符合历史与逻辑的统一，即主观与客观、理论与实践、抽象与具体的辩证统一，才能理解事物的本质和规律；同时，我们必须坚持批评与建设的统一，没有现实的理性批评，就不能提供足够的机会开展新的外语培训。不加批判的建设和不加批判的批评，或者说批评和建设的分离，都是非科学的研究方法。具体的建设比具体的批评好，合理的批评必须基于具体的社会理想。未来理想的构建是规范现实活动的未来趋势，为预测、决策和实现现实世界的可能性提供依据。

外语教育政策，无论是显性的还是隐性的，都是在不同程度上受国家的思想或原则支配的语言策略。语言策略的思维或原则与有关国家的指导思想、意识形态和社会文化密切相关。语言教学是实施语言策略的另一个重要途径。虽然语言教育以语言为主体，但它本质上是一种与语言策略密切相关的文化媒介。语言教学不仅仅是学习和掌握语言的过程。语言的选择本身就是语言策略的选择。语言教学，包括外语教学，是实施包括外语战略在内的国家外语战略的重要途径。

我国的外语教育模式"单一"。英语教育几乎贯穿了国家教育体系的各个层面，有很多不同的培养项目。首先，在英语专业教育方面，根据戴卫东教授在2010年3月第一届"外教俱乐部杯"全国大学英语教学大赛新闻发布会上的发言，到2009年英语专业教育人数已经上升到80万，随之而来的是广泛的大学英语教育，每个大学生都必须接受不同层次的英语教育。其次，中学英语教育，从高考开始，英语已经上升到了和语文、数学一样的地位。很多省份从小学三四年级就开设英语课程，有的甚至在幼儿园就开设。此外，职称评定、干部晋升、就业等附加各种外语水平的条件，把英语教育推向了"全民英语学习"的高度。英语教育的现状表明，我国的外语教育仍处于无序状态。面对我国外语教育的现状，应该对我国外语教育进行认真的战略规划。我国改革开放和经济发展需要多少外语人才？培养这些人才的途径有哪些？有必要通过过度英语教育来培养需要的人才吗？英语教育在我国的小学有必要吗？评定职称、提拔干部时，外语水平的要求是否应该通用？英语教育中如何抵制和消除英语文化的负面影响？英语和其他外语在外语教育中的恰当比例和格局是怎样的？

波普尔认为，意识、语言和批判精神是人类相对于动物的根本特征。具有批判精神的科学家有意识地创造假说，用文字表达知识。因此，人们可以有意识地运用批判理性，积极主动地发现错误，反驳假说。外语教育政策是由特定社会建构的，总有局限性。没有一种理论可以让人一劳永逸地改正。保持自己内心的"反省自知"，就是"知己知彼"。

外语教学是高等教育的重要组成部分。这是一项培养具有特殊课程和较强外语能力的人才的活动。当前，高等教育外语教学仍偏离其原有的"育人"功能，追求为社会经济、政治、文化发展服务的拓展功能。从根本上说，大学外语教学的价值取向是以工具理性为主导的工具主义。在传统工具理性的指导下，大学外语教学价值取向的最大结果是大学外语教学的工具化和教育者的工具化，这符合社会、政治、经济和文化发展的需要。"工具化"的结果是外语教学追求外语知识，忽视教育学科的培养。

长期以来，我国大学外语教育重视社会价值，忽视个人价值。大学外语教育政策应以教育价值和人文价值为基础，追求其政治价值和社会价值。高等教育外语教学领域的政策活动应该以最低的成本实现最有价值的政策成果，以充分发挥外语教育政策在高等教育中的作用和效益。引导和促进主体确立合理的价值取向，解构和消除非理性的价值取向。大学语言培训的价值在于满足社会和个人对外语的需求。大学外语教学的过程就是关注外语学习者的过程。社会需求、外语教学和外语学习者价值取向的统一是实现外语教学价值的保证。

高校外语教学管理中存在"监督不足"和"监督过细"的问题。一方面，教育部基础教育司和高等教育司分别负责基础教育、高等教育和培训的管理。这意味着中小学外语教育政策的制定与高等教育外语教育政策的制定之间缺乏科学联系，中小学毕业生的外语教学要求也低于高等教育的外语教学要求。另一方面，教育部负责语言选择、课程制定、目标定位、注重英语的充分使用、教学方法的介绍、软件和教材的使用等。因此，有必要建立一个权威的国家外语教学咨询机构，负责管理国家外语教学，制定和协调统一一致的教育标准，包括大学和其他各级外语教学。在全面调查的基础上，制定我国外语教育政策的统一规划，充分考虑教学目的、标准要求、课程设置、教材结构和考试组织，向政府提供专业建议，制定外语教学计划，负责政策实施过程中的相关工作和评估。

在高校外语教学决策机制中，必须建立一个制度化、理性化的决策过程，始终处于一个系统中，并受到监控和指导。民主不再使政治成为个人主观意志的产物，它使政治规范化、程序化、科学化、可持续化，保障了高校外语教育政策的稳定发展。

鉴于社会主义初级阶段政府的集中管理机制，以及对外语教育政策参与缺乏兴趣和公众认识，精英阶层的决策过程是一个现实的选择，必须继续关注精英在外语教学决策过程中的作用；同时，要扩大教师和高校参与外语教育政策制定的群体，规范和完善教师和高校外语教育政策的决策机制，有效避免某些精英决策失误造成的损失。在学校外语教学的政治活动中，建立学校外语教学的审计管理制度、咨询制度和监督制度。笔者呼吁创建一个平台，让高校外语教学的利益相关者能够自由表达自己的观点，以确保教师、家长和学生能够参与高校外语教学的管理，并行使监督高校外语教学的权利。

大学外语教育的政策程序包括信息收集、问题识别、课程设置、决策、计划实施、政策协调、评估和审查。每个环节都应尽可能采用现代科学技术，确保各环节的运行和功能得到充分利用。大学外语教育政策的制定必须遵循以下程序。首先，负责外语教学的部门必须以项目管理的形式委托研究机构进行政治研究。在研究组织、领导职责、人力资源和时间安排等方面做出安排，通过系统管理完成研究任务。其次，决定在高等教育中教授外语之前，主管教育部门必须首先要求咨询机构进行深入研究或提供意见，并使决策过程制度化。

大学外语教育政策的科学性体现在政治决策过程的公平性、语言规划的合理性及法律与课程绩效和语言发展之间的一致性。目前，我国高校外语教学中存在"全民学英语"的现象，简化外语的问题相当严重。从长远来看，语言多样性必须得到充分考虑。在仔细研究和科学审查的基础上，应提供一些替代语言，以满足国家安全的政治和经济需要

在大学外语教学中应进行"需求分析"。"需求分析"主要包括三个方面：一是全球形势分析，即对学生、教师及其他相关教育情况的分析；二是学习需求分析，即学习外语的目标、必要的语言技能、要达到的水平等；三是社会需求分析，即外语人才的社会需求。在课程设置上，大学英语被定义为必修课，较少考虑学生的个人需求；在目标定向方面，强调先听后说，较少关注学科和学生之间的差异。事实上，大学英语是一门公共基础课。是否多学或少学应由特定的学校、特定的课程和学生个人决定，而不是由强制性文件决定。这项权利应返还给教育机构、学校和学生，让他们根据自己的职业特点、个人利益和实际需要做出决定。

修改传统的英语单语必修制。大学英语教学是高等教育的有机组成部分，大学英语课程是大学生必修的基础课。大学英语必修课政策规定，任何专业和类型的学校的学生，无论其专业、学生和社会需求，以及他们的基础和教育资源如何，都必须学习英语。这种做法不符合市场经济条件下学生自主学习的要求，不仅浪费资源，而且浪费学生的时间。

外语教育政策的主要目标是满足人们对外语教学的需求，促进人的发展，并以此作为选择和规范外语教学结构和外语教学资源配置的标准。要重视学生的个体差异，提供多样化的大学外语教育，确保大学外语教育服务于德、智、体、美的全面发展，提高物质文化、思想文化、文化素质和人文素质的总体水平。[4]

语言规划是国家或社会对社会语言生活进行管理的工作。语言教育

是社会语言生活的重要组成部分。英语课是我国语言规划的一部分。"高校的汉语教育，包括外语教学和少数民族教学，是高等教育不可或缺的重要组成部分。"我国非常重视英语教学，国内区级以上城市的学校从小学三年级甚至一年级就开始开设英语课程。然而，与外语受到各方面高度重视的情况相比，我国的英语教学缺乏系统有效的科学规划、系统性和合理性。在我国，外语教学中有许多问题需要解决。必须把我国的外语教学（主要是英语教学）纳入我国的教育体系，纳入外语教育政策规划的理论和研究方法，用规划和引导的方式，从宏观的角度全面规划和管理我国的外语教学，从而使我国的外语教学更加科学、合理、有效。

目前，我国真正的外语人才较少，就连英语人才的培养也较不平衡。根据我国翻译协会的数据，我国拥有4万多名专业翻译人员、50多万名相关员工和3 000多家专业翻译公司。然而，高级口译员只占总数的5%，并且有资格在国际会议上执行口译任务的专业人员较少。事实表明，我国的外语教育仍处于"延伸"阶段。因此，我国外语教育政策制定者在制定外语教学政策时，应充分考虑培养高素质的高级外语人才。对大多数人而言，存在学习英语的暂时无用和长期有用之间的矛盾。然而，考虑到我国加入世界贸易组织和逐步融入世界的长远利益，学习外语的好处是显而易见的。在这种情况下，一些人主张放弃学习外语，而另一些人则主张每个人都应该学习外语。外语教育政策和计划的制定应以科学的原则为基础，根据时间、空间和其他相关因素的变化而动态灵活。应该根据个人的兴趣和需要来决定学习哪种语言，掌握到何种程度。对于其他具有特殊技能的专业人士，他们的发展不应受到英语水平（通常是英语考试成绩）的限制。目前，我国外语教学存在较大的区域差异，包括南北差异、东西差异和城乡差异。例如，城市外语教学起步早，一些城市从幼儿园就开设英语课程，教师素质高，而一些偏远农村地区的小学很少开设英语课，外语教学起步较晚，外语教师水平较低。

教育是一个长期的过程。一项政策一旦实施，将在很长一段时间内发挥作用，中途的改变无法立即扭转它已经开始的进程，尤其是我国这样的

第五章 新时期我国外语教育政策的规划

教育大国。在制定外语教育政策时，根据暂时的需要做出决定，将导致外语教学的单方面发展，并将对外语教学产生非常严重的后果。教育政策中的错误往往代价高昂，其后果往往发生在政策实施几年后。因此，在制定外语教育政策时，不仅要根据自身的政治经济需要不断适应形势的发展，还要考虑自身的长期教育需要，借鉴国际成功经验，制定全面、平衡、科学的外语教育政策和方案。

改革开放后，外语在整个国家教育体系中的地位和作用得到了前所未有的提高，并被确定为各级教育发展的中心目标。全社会也形成关注和学习外语的文化。然而，在高校外语发展的资源支持和投资方面，资源配置不规范、投资因素不足的问题依然存在。除外语学校外，一些高水平大学和其他类型的大学非常重视外语学科的定位，加强了资源支持。外语学校的课程分配主要基于任务要求或功能补偿，但物质投入似乎不足，这使得一些从事外语教学和研究的教师处于相对尴尬的境地，这不仅影响工作积极性的调动，而且不能促进外语教学和研究水平的提高。在此基础上，高校应考虑推进外语学科发展的中长期战略，充分增加对外语学科的投入，为外语学科发展创造必要的制度环境和舆论环境。外语教学不仅仅是教语言，它反映了时代的需要、一个国家的开放程度和经济社会发展水平。外语在一个国家的普及程度往往反映了一个国家公民的国际意识和国际化程度，也预示着一个国家未来的发展前景。因此，外语教学是现代教育和培养世界公民的重要组成部分。外语教学、培训和实验涉及个人发展、求职和全社会公民的就业。它是公民社会和政府高度赞赏的一种社会行为，它也是一个发展中的工业和第三产业市场。外语培训不仅需要培养外语和文学方面的人才或翻译人员，而且要培养外语专家。外语教学的发展与国家外语政策密切相关。

我国有良好的外语教学基础，国家应该提高公民的语言技能。普通公民必须掌握或了解一门外语，鼓励学习两门外语，并逐步建立基于学习型社会概念的永久性外语教学体系。通过政治导向，规范外语教学活动，发展外语教学产业，提供足够的外语课程，鼓励公民参与外语教学。通过社会培训保持公民的外语水平，丰富国家的语言资源，确保特定地区、特定职业和特殊群体的外语学习。

社会需求、外语教学和外语学生价值取向的统一是外语教学价值实现的保障。在综合研究和民主的基础上，制定符合社会和学生需要的外语教育政策，使外语教学能够促进社会和个人的发展。教育不仅仅是培养"专业人才"，而是赋予学生获得科学知识和人文教育的权利，增加智慧和理解，拓宽视野，培养情感，培养理性王国，理解责任和使命，这是教育的理念，也是培养21世纪合格人才的基础。"以人为本"的外语教育政策是指外语教育活动与受教育者的幸福、自由、尊严和终极价值之间的联系程度，以及外语教育活动在技能、智力、健康，受教育者的思想道德。外语教学的真正价值是根据人格发展和生活改善、生活意义和生活质量来评估和衡量的[4]。

第三节 构建新时期我国外语教育政策的必要性

一、明确全面建成小康社会对外语教育政策规划的时代要求

当今世界正在发生变化和调整，但和平与发展仍然是时代的呼唤。只有各国公民在国际贸易中公平、公正地表达意见，才能实现平等互利、共同发展。当今世界，语言问题、语言权利和语言资源是国际社会的核心。因此，外语教学不仅涉及教育、语言和技术，还涉及国家文化主权、身份认同和联合国大会的政治经济权益。因此，21世纪初的中长期外语教育政策具有重要的社会和现实意义。

2008年美国次贷危机引发全球金融危机以来，许多以美国为首的西方工业化国家陷入了严重的经济衰退，影响到许多发展中国家，加剧了全球经济失衡。然而，霸权主义和强权政治仍然存在，并在国际话语中得到强烈表达。他们声称不放弃在世界各国人民之间公平公正的国际交流中的

利益，并试图用他们的声音来制定"国际规则"和"国际惯例"。在金融危机期间，合理的政策和及时的应对措施，我国遭受的损失较少。如今，人们越来越相信我国是全球经济复苏的引擎，世界各国也越来越渴望与我国交流与合作。世界各国人民越来越期待我国在建立公正合理的国际政治经济新秩序方面发挥关键作用，这为我国外语教学的发展提供了新的机遇。作为文化的重要内容和载体，外语从来都不是空洞的符号，而是表达思想、描述事实的工具。语言是外交政策、经济、教育、生产、生活、科研、贸易等领域最活跃的文化工具。它在一定程度上反映了各国的文化特征和基本价值观，只有抓住了外语教学发展的新机遇，才能创造符合国际发展趋势的具有我国特色的外语教育政策。

二、落实科学发展观，推动外语教育政策规划的制定和实施

科学发展观是党中央领导集体对发展观的继承和发展，是马克思主义关于发展世界观和方法论的集中体现，具有马克思主义、列宁主义、毛泽东思想一脉相承、与时俱进的科学理论，是我国经济社会发展的指导方针，是发展我国特色社会主义必须坚持和贯彻的战略思想，也是我国教育和外语教育的重要指导思想和战略思想。科学发展观的基本要求是在全球范围内保持可持续发展。首先，外语教学的发展应该放在我国和平发展、科教兴国、人才强国的大背景下来理解。新时期，科学发展观是规划和制定外语教育政策的指导思想和重要战略思想。外语教学是全球社会发展的重要组成部分。贯彻科学规划理念，制定外语教育政策，既是新时期我国社会发展的需要，也是有效服务国家安全和发展战略的迫切需要。要落实科学发展观，以提高国民素质为出发点，以服务国家战略为目标，充分考虑社会发展的需要和外语培训的特点，实施国家人才发展战略有机统一，满足个人和社会需求。在科学发展观的指导下，外语教学必须与我国终身教育体系相结合，实现多元化发展。在通识教育的基础上，不断提高外语技能的培养。为了实现个体价值与社会价值的统一，我们必须在人与社会

和谐发展的基础上，加强外语教学中的文化研究，不断提高学生个体的社会适应能力。

三、优化我国外语教育政策规划的主体、客体和政策环境

21世纪以来，人类社会发生了两大根本性变化：一是从工业化社会向知识型社会的转变；二是从独特的学术教育向终身学习的转变。在知识型社会中，社会生产力的发展、人力资源开发水平和国家的创新能力紧密相连。改革开放30余年来，我国经济发展迅速，但人均水平长期低于世界平均水平，城乡发展不平衡，区域发展不平衡，资源链形势十分严峻，生态环境压力空前。为此，人力资源开发的重要性和紧迫性变得越来越重要。所有这些都迫使人们需要尽快将我国人口的重担转化为个人福祉。因此，优先发展教育，建设人力资源强国，已成为建设中国特色社会主义的迫切要求和战略选择。世界各地的发展观念发生了深刻的变化。人力资本不仅是经济增长的重要来源，也是物质资本的重要来源。发展教育已成为经济发达国家的优先领域。创新型人力资源的培养越来越受到世界各国的关注。在这种背景下，外语终身学习正成为一种新的教育趋势和发展方向。外语教学应该成为终身学习的主要内容之一。

外语教育应该是公益性的、公开的、公平的，这决定了政府在外语教育发展中的主导作用，体现在外语教育发展战略的选择、外语教育资源的配置、外语教育政策的制定等方面。

长期以来，我国主管外语教育政策的行政单位一直是教育部的一个下属部门。如果要把外语教育政策提升为我国语言战略的导向，教育部下设的行政部门作为外语战略的规划部门，显然与国外发达国家的通行做法相悖。我国应在整合原教育部行政职责的基础上，成立语言教育指导委员会，制定包括母语和外语教育在内的语言教育宏观规划，具体负责我国中长期语言教育政策的宏观规划。教育指导委员会建议由一名副总理级别的政府官员负责领导和协调。

从近代我国外语教育政策的历史来看，外语教育政策的话题主要由国家教育领导人和外语专业协会的语言教育专家等社会精英主导，反映了自上而下的政治过程，符合我国当前的治理模式。然而，外语教育政策涵盖不同的关系、社会问题和目标群体管理，如外语教学与母语教学的关系、外语教学与少数民族教学的关系。作为一项公共教育政策，外语教育政策的制定需要学校、教师、学生、家长、各级政府代表、经济经营者、企业和社会各界的参与。在规划外语教学的宏观政策时，应该充分咨询那些对外语教学感兴趣的人。只有讨论和听取他们的建议，才能保证决策过程的民主性和科学性，保证政策的有效传递和执行。从历史上看，我国外语教育政策的目标相对狭窄，主要涉及外语专家和教育工作者，忽视了普通外语教师、家长和企业代表。只有他们的需求才能真正反映外语教学的社会需求。

四、对我国外语教育政策规划基本原则的建议

基于我国外语教育政策规划主体、客体和政策环境的优化，首先要解决的问题是新的外语教育政策规划应遵循哪些基本原则？基于上述比较研究的经验，笔者倡议制定21世纪中长期外语教育政策规划的原则如下：

1. 以科学发展观为指导的原则

2006年12月5日，胡锦涛总书记在中央经济劳动会议上的讲话中指出，科学发展观体现了指导发展的世界观和方法论，是运用马克思主义的发展立场、观点和方法，认识和分析社会主义现代化建设的丰富实践，深化对经济社会发展一般规律认识的结果。因此，科学发展观已成为促进经济、政治、文化和社会发展必须长期坚持的基本指导原则。我国外语教学的发展无疑是我国文化建设的一个重要组成部分，科学发展观也应该作为一个基本指导原则。

中华人民共和国成立以来，我国外语教育发展中的问题和教训，根源在于我们过去的外语教育没有完全符合科学发展观的要求，没有能够适应

国家发展的时代要求。从本质上讲，外语教育规律没有很好地与国家经济社会发展规律和公民全面成长规律相结合。如果不尽快改变，这样的外语教育将逐渐与时代需求脱节，难以为继。

科学发展观对新时期我国各类企业的发展具有普遍的指导意义。科学发展观第一要义是发展，核心是"以人为本"，基本要求是"全面、协调、可持续"，根本方法是"统筹兼顾"。新时期，科学发展观是规划和实施外语教育政策的重要指导思想和战略思想。作为社会系统的一个子系统，外语教学必须是社会全面发展的重要组成部分。

2. 外语教育政策规划与国家重大发展规划统一协调的原则

21世纪以来，我国制定了一系列重大国家发展战略规划。2005年12月国务院印发了《国家中长期科学和技术发展规划纲要（2006—2020年）》，从十个方面制定了新世纪加快我国现代科技发展的战略部署，明确指出了科学技术是当代国家发展的第一生产力，科学技术是先进生产力的集中体现和主要标志。21世纪，新科技革命迅猛发展，正在催生新的突破，将深刻改变经济和社会的面貌。我国比以往任何时候都更需要依靠科技进步和创新推动生产力质的飞跃，促进经济社会全面协调可持续发展。

2010年5月，国务院审议并通过了《国家中长期教育改革和发展规划纲要（2010—2020年）》，这是我国进入21世纪以来的第一部教育发展规划纲要，为国家未来十年教育事业的改革和发展提供了纲领性指导，是我国新时期科教兴国的战略规划。

2010年6月，中共中央、国务院联合印发了《国家中长期人才发展规划纲要（2010—2020年）》，这是我国第一个中长期人才发展规划纲要，也是最系统、最完整、最有成果的人才战略研究，旨在为我国全面建成小康社会提供人才支持和智力基础，并受益于2020年建设创新型国家的目标。

可以说，教育规划、科技规划、人才规划构成了国家战略规划的三角，是我们国家每五年要实现的目标，也是国民经济和社会发展计划的根本保证和支柱，在一系列发展周期中相互衔接、相互促进。外语教育是实施上述发展计划不可或缺的先决条件。外语教育作为我国教育事业的重

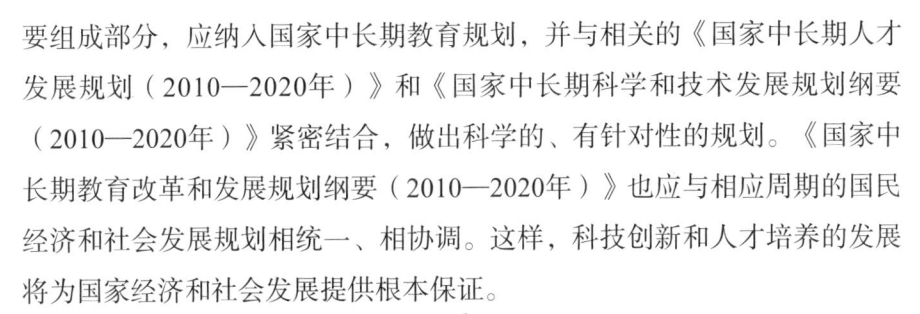

要组成部分，应纳入国家中长期教育规划，并与相关的《国家中长期人才发展规划（2010—2020年）》和《国家中长期科学和技术发展规划纲要（2010—2020年）》紧密结合，做出科学的、有针对性的规划。《国家中长期教育改革和发展规划纲要（2010—2020年）》也应与相应周期的国民经济和社会发展规划相统一、相协调。这样，科技创新和人才培养的发展将为国家经济和社会发展提供根本保证。

3. 制定国家外语政策规划的系统分析和统筹考虑原则

国家外语教育政策的制定是一项复杂而系统的社会工程，必须充分认识和理解在科教兴国、人才强国背景下外语教学的发展，不仅要立足于国家发展战略，还要顺应全球发展趋势。对于一个人口众多、地区分布不均、自然资源丰富、社会经济快速发展的国家而言，只有全面地了解新时期的外语教育政策，才能从科学发展观所创造的全球形势中脱颖而出，运用系统分析法进行总体规划。根据国家中长期人才发展规划的战略目标，高度重视外语教育在人才培养特别是党内高层次人才培养中的重要性，认真制定党的长远规划和相关外语教育政策。

必须要结合区域发展的实际，继续改革和完善现有的外语培训形式，进一步突出主要外语院校外语培训模式的不同特点，突出重点语言与普通语言培训的区别，明确学校、专家和专业的外语课程类型，并根据不同级别的语言能力评估标准（如普通级别）规划各级外语教学的课程和评估方法。

4. 政府主导、公众参与、借鉴国外、以人为本的原则

外语教育政策是国家战略的组成部分。国家必须制定并完善语言规划，以此维护国家政治和文化安全。这项工作必须以政府为指导，贯彻国家意志。因为语言的主体是公众。国家外语教育政策与公众的生活和工作密切相关，因此需要公众的积极参与。政府也应该为此创造条件，充分体现公众精神。在广泛调研的基础上，鼓励各利益集团参与制定中长期外语教育政策规划，充分体现"以人为本"的外语教育政策核心理念。中长期外语教育政策不仅要有利于社会各阶层人民的个人语言发展利益，而且要符合国家的长期语言战略利益。特别是语言战略中的外语教育战略规划，

应借鉴国外的成就和实践经验,紧跟国际发展潮流。

　　经过半个多世纪的发展,欧洲不仅成立了专门的语言教学机构办公室,而且由欧洲语言教学委员会和欧洲现代外语中心负责规划和实施欧洲语言教育政策。欧洲语言教育政策的规划和发展由一套严格的欧洲标准来保证。例如,20世纪50年代的欧洲文化会议及1975年和1989年的欧洲部长级会议的提案。它为欧洲语言教育政策制定了明确的一般规则:促进多种语言、语言多样性、相互理解、发展民主公民身份和社会和谐。2003年,《欧洲语言教育政策指南》正式出版,以鼓励参与国开展国家语言教育和外语政策研究。这一有效措施不仅提高了欧洲公民的语言多样性和意识,还促进了语言学习、终身语言学习和全体公民学习的发展。它被视为一种生活理念:它融合了"以人为本"的精神,促进了欧洲经济的繁荣,并充分融合了社会融合、公民语言权利的保护和公民民主的发展。当前,我国的外语教育政策与我国社会发展对外语的需求之间仍然存在差距。因此,我国可以借鉴一些国家特别是欧美国家的语言政策,逐步制定符合我国国情的外语教育政策,以促进社会健康稳定发展。

　　5. 多学科外语教育政策规划的原则

　　我国的发展需要与世界各国进行全面、多层次、多领域的合作与交流,这就需要外语工具的多样化、均衡发展。此外,通过外语传播的信息涵盖了许多知识领域。因此,外语教育政策规划不仅是一个语言教学问题,也是一个跨学科的整合、相互渗透和互补的问题。应该认识到,外语教育政策规划不仅涉及外语教学政策本体论的不同因素:外语教学目标、课程设置、外语教学评估和外语技能,还涉及不同而复杂的政治因素。因此,多角度、多学科和国际战略视角在外语教育政策规划的制定和实施中发挥着重要作用,必须促进语言规划、教育政策、政治经济、外交与国际关系、金融、人力资源管理、国际贸易、生态、城乡规划等社会与自然学科的融合,开展外语教学的政策分析、研究与规划。

　　与国家中长期国民经济和社会发展计划相比,中长期外语教育政策规划属于中观、微观和地方三个层面。教育方案,包括外语教学方案,与国家中长期国民经济和社会发展计划的制约因素密不可分。我国现行的外语教育政策与我国社会发展对外语的需求仍有差距。制定适应21世纪全面建成小康社会需要的中长期外语课程，是国家中长期教育发展规划的重要组成部分。

五、对我国外语教育政策规划的建议

（一）关于外语教育现状规划的建议

1. 外语教育是国家现代化不可或缺的文化基础

资本主义社会已经从工业化社会转变为后工业化社会。知识已成为生产力的关键要素。知识经济和信息服务业将取代传统制造业，成为一个经济体系。后工业社会的主体不再是流水线工人，而是信息工人、创造者、传播者和用户。在现代社会中，信息有着巨大的价值，而核心人物是科学家。在后工业社会，经济活动的跨国发展或以全球经济为特征的代际社会模式，不仅极大地改变了社会经济生活方式和空间组织形式，也改变了信息使用者、传播者和创造者的社会角色。对于处于社会主义发展第一阶段的我国来说，只能根据自己的国情，走信息技术与工业化一体化发展的道路。通过调整产业结构和信息技术在各个领域的广泛应用，加快传统产业的发展，促进信息技术在各个领域的跨越。现阶段，我国社会主义现代化建设的任务是同时完成工业化和信息化的双重垂直任务，以信息化带动工业化，以工业化带动信息化，推进经济社会各领域信息化建设，构建社会主义和谐社会。外语教学是我国现代化不可或缺的文化基础。

外语教育不仅可以增强个人的语言能力，提高个人的现代文化素养，也是个人社会适应能力的特征之一。

2. 外语教育是21世纪具有国际视野的大国公民不可或缺的文化基础

我国在21世纪的和平崛起在很大程度上取决于它能否拥有一大批具有国际视野的人才。外语教育是培养国际公民不可或缺的基础。文化是一个国家综合国力的重要标志，与领土、军备、区域扩张和军事战略相比，人们更加关注文化价值观、文化影响力和文化吸引力。

现代外语教育必须培养适应劳动力生产新条件的人才。作为新国际教育的有机组成部分，外语教育不仅为社会进步和国家发展奠定了坚实的文化基础，而且在培养具有国际视野的公民和"国际人"方面发挥了积极作用。新时期的外语教育必须"面向世界"，要通过继承和引进西方先进的科学技术和思想，积极传播具有我国特色的文化愿景和成果，以平等的声音促进我国文化软实力的提升，真正推动文化交流朝着平等互利的方向发展。可以说，在全球化的今天，各民族在蓝天下共同生活、共同繁荣、和谐相处。外语教育是21世纪我国和平崛起、培养具有国际视野的大规模公民不可或缺的文化基础。

3. 把外语教育从教育部门的行政层面提升到国家整体发展文明的层面

长期以来，我国的外语教育一直由教育部门控制。外语教育的发展水平反映了教育部门的行政水平。从我国的语言战略和外语教育在我国和平和谐整体战略中对人才培养的重要性来看，外语教育应与国家文明发展的整体水平相适应。目前，我国是公认的外语教育大国。这里的"大国"的含义，主要是从外语学习的数量和规模来考虑的。然而，要将我国的外语教育提升到国家发展和文明的整体水平，必须考虑外语教育的质量和数量、规模和效益等综合因素。为此，我国需要将外语教育纳入国家总体战略，成为国家软实力发展的重要组成部分。

（二）关于外语教育目标规划的建议

我国的外语教育目标规划可以分为三个阶段：2010—2015年、2015—2020年和2020—2030年。前两个阶段为5年，与《国家中长期人才发展规划纲要（2010—2020年）》《国家中长期教育改革和发展规划纲要（2010—2020年）》《国家中长期科学和技术发展规划纲要（2006—2020年）》以及相应五年期的国民经济和社会发展规划结合起来，提出了外语教育发展阶段性目标，包括数量、质量、类别、等级、标准、认证、投入、技术装备、管理体制等方面的分项标准。这三大规划是当代我国科教发展最重要的战略规划。因此，它们也应该成为我国外语教育规划最重要的政策依据和战略参考框架。

  笔者建议外语教育政策延长至2030年主要基于以下因素。第一，一般中长期规划应为20年，短期为5年，中期为10年，长期为20年。在国家发展的历史进程中，每一代人都有不同的责任、义务和人生追求。我国应该继往开来、与时俱进、未雨绸缪，要有先见之明，有眼前之忧，个人如此，国家也如此。第二，2030年很可能是我国历史上的一个关键时刻。如果我国保持目前的发展速度，我国的主要工农业产值将位居世界前列。当然，这个过程从来都不是一帆风顺的，甚至可能是惊心动魄的。按照历史上国际关系的一般规律，我国越强大，国际竞争对手使用非军事手段试探和牵制我国的可能性就越大。是一场国家意志、外交技巧和智慧的游戏，这是一场没有硝烟的战争。外语无疑是一种强有力的工具。因此，我国必须培养高素质的外语技能人才，优化外语教育目标，根据这一时期国家社会经济发展对各类人才的需求，结合人才发展规划和科技发展规划，制定阶段目标。开展概念性发展规划或研究性规划，并随着时代的发展不断深化、补充、修改和完善以及对可能出现的新挑战和机遇进行预测，以审视我国外语教育政策发展的宏观格局。

参考文献

[1] 陶红. 教育价值观的研究[D]. 吉林大学博士论文, 2005-05-01.

[2] 张建平. 教育价值观的历史变迁及其新走向[D]. 南京师范大学硕士论文, 2003-04-01.

[3] 广州市幼儿武术教育现状的调查与分析以广州市12所幼儿园为例, 道客巴巴: 互联网文档资源（https://www.doc88.co）

[4] 张沉香. 大学外语教育政策的反思与构建[D]. 湖南师范大学博士论文, 2011-05-01.

[5] 向帮华. 符号哲学视域中偏岩土家族"宋姆兔"育人价值探究[J]. 贵州民族学院学报（哲学社会科学版）, 2011-06.

[6] 张召芮. 传统与技术的冲击：关于数字教科书的几点思考[J]. 中国教育信息化, 2021-04-10.

[7] 覃颖. 高校学生评教的主体地位虚化与矫正[J]. 教书育人（高教论坛）, 2022-03-25.

[8] 刘旭, 苟晓玲. 从摇摆到统一：教与学的关系辨正[J]. 现代大学教育, 2021-03-20.

[9] 袁传明. 学会育人与学会教学：实践导向下教师教育课程改革的基本定向[J]. 山东高等教育, 2021-06-10.

[10] 胡春梅. 新课改背景下乡村学校教学改进操作模式探索[J]. 中小学教师培训, 2022-07-27.

[11] 魏君洪, 赵鹏程. 老年教育教学理念的树立与实践路径探索[J]. 继续教育研究, 2022-07-27.

[12] 马利云. 写作教学支架的设计与运用[J]. 写作, 2017- 04-01.

[13] 申林. 邓小平政治体制改革思想述评[J]. 广西社会主义学院学报, 2004-08-30.

[14] 教育经济与管理专业论文. 关于教育政策调控模式的研究, 豆丁网: 互联网文档资源（http://www.docin.com）

[15] 祁型雨. 论教育政策的价值及其评价标准[J]. 教育科学, 2003-04-25.

[16] 刘云生. 论新时代系统推进教育评价改革[J]. 国家教育行政学院学报, 2022-02-15.

[17] 我国大学生就业政策演变及其价值分析. 道客巴巴：互联网文档资源（http://www.doc88.com）

[18] 冯建军. 论新时代中国特色社会主义教育理论体系[J]. 清华大学教育研究, 2021-10-20.

[19] 祁型雨. 利益表达与整合[D]. 华中师范大学博士文, 2003-04-01.

[20]（教育经济与管理专业论文）关于教育政策调控模式的研究. 豆丁网: 互联网文档资源（http://www.docin.com）

[21] 徐玲. 教育政策价值分析的文献述评[J]. 现代教育管理, 2013-06-15.

[22] 焦雯静. 我国民族预科教育政策的合法性研究[D]. 中南民族大学博士论文, 2018-05-25.

[23] 曲铁华, 崔红洁. 我国教师教育政策价值取向变迁的路径与特点—基1978-2013年政策文本的分析[J]. 现代大学教育, 2014-05-20.

[24 曲铁华, 崔红洁. 我国教师教育政策价值取向变迁的路径与特点——基于1978-2013年政策文本的分析[J]. 现代大学教育2014-05-20.

[25] 徐玲. 教育政策价值分析的文献述评[J]. 现代教育管理, 2013-06-15.

[26] 谢倩. 外语教育政策的国际比较研究[D]. 华东师范大学博士论文, 2011-03-01.

[27] 孟卫青. 教育政策分析: 价值、内容与过程[J]. 现代教育论丛, 2008-05-15.

[28] 孟卫青. 教育政策分析的三维模式[J]. 教育科学研究, 2008-08-10.

[29] 院校研究与政策分析. 互联网文档资源（http://www.doc88.com）

[30]肖远军,苟国旗.教育政策学构想[N].四川师范学院学报(哲学社会科学版),1997-07-20.

[31]刘颖.世界银行教育性别平等政策的文本分析[D].浙江师范大学硕士论文,2019-05-26.

[32]曹喆.政策分析的三个维度[J].理论探讨,1993-06-30.

[33]石亚洲.关于建立民族政策学的几个问题[J].黑龙江民族丛刊,2000-09-30.

[34]薛正斌.乡村教师生活待遇政策研究——基于31个省(区、市)乡村教师支持计划的文本分析[J].当代教师教育,2020-06-15.

[34]陶军明,庞学光.职业教育政策生态与生态的职业教育政策[J].中国职业技术教育,2016-12-21.

[35]胡蕾.中国档案事业法规政策文本量化研究[D].浙江大学硕士论文,2013-05-01.

[36]张沉香.我国外语教育政策的特色分析中国高教研究[J].2007-10-28.

[37]张沉香.论我国的外语教育规划[J].中南林业科技大学学报(社会科学版),2011-06-15.

[38]徐红,董泽芳.中国高等教育价值取向60年嬗变:教育政策的视角[J].中国高教研究,2010-05-20.

[39]教育政策法规基本知识.豆丁网:互联网文档资源(http://www.docin.com)

[40]王志彦.对我国高等教育目的的思考[N].长春工业大学学报(高教研究版),2009-06-20.

[41]刘燚,张辉蓉.建党百年来劳动教育的历史变迁与反思展望——基于教育方针分析的视角[N].国家教育行政学院学报,2021-04-15.

[42]曹霞.改革开放以来我国教育方针的嬗变及其研究[D].浙江师范大学硕士论文,2006-10-01.

[43]刘静,谦敏.教育方针政策的变化与人才观念的变迁[J].中国电子教育,2005-05-25.

[44]梁崇科.论全面建设小康社会时期党的教育方针的时代特征[J].教育与

现代化, 2004-03-28.

[45] 张寿松. 论新教育方针[J]. 高等农业教育, 2004-08-20.

[46] 杨天平, 徐禹. 建设我国的世界一流大学: 国际标准与中国特色[J]沈阳师范大学学报(教育科学版), 2022-03-20.

[47] 戴炜栋, 张雪梅. 对我国英语专业本科教学的反思[J]. 外语界, 2007-08-25.

[48] 周洵瑛, 范谊. 英语专业复合型人才培养目标内涵与层次定位[J]. 外语界, 2010-08-25.

[49] 叶苗. 全球化背景下英语专业综合语言运用能力培养模式研究[J]. 中国大学教学, 2009-04-15.

[50] 郝淑霞. 新中国高校俄语专业本科课程设置历史回顾[J]. 中国俄语教学, 2010-02-21.

[51] 魏芳. 语言教育规划视角中的大学外语教育政策研究[D]. 南开大学博士论文, 2010-05-01.

[52] 王丽娜. 中美外语教育政策的比较分析[J]. 安徽文学(下半月), 2014-08-25

[53] 谢倩. 欧洲学校外语教育发展述评[J]. 宁波大学学报(教育科学版), 2010-01-10.

[54] 孟臻. 全球化趋势下外语教育政策制定. 现代企业教育[J]. 2012-06-23.

[55] 曹迪. 国家文化利益视角下的中国语言教育政策研究[D]. 首都师范大学博士论文, 2011-05-05.

[56] 张绪忠, 王晓辉. 我国语言规划中外国语言因素的缺失及应对策略[J]. 东北师大学报(哲学社会科学版), 2011-03-20.

[57] 张绪忠, 王晓辉. 我国语言规划中外国语言因素的缺失及应对策略[J]. 东北师大学报(哲学社会科学版), 2011-03-20.

[58] 鲁子问. 外语教育规划: 提高外语教育效率的可能途径[J]. 教育研究与实验, 006-09-20.

[59] 孙有中, 金利民. 英语专业的专业知识课程设置改革初探[J]. 外语教学与研究, 2010-07-20.